· 셀프 치유를 위한 ·

# 성자의

## 타로상담 이야기

나도 모르는

나에게

## 성자의 타로상담 이야기

**1판 1쇄 발행** 2023년 3월 31일

**저자** 이성자

**편집** 문서아   **교정** 주현강   **마케팅·지원** 이진선

**펴낸곳** (주)하움출판사   **펴낸이** 문현광

**이메일** haum1000@naver.com   **홈페이지** haum.kr
**블로그** blog.naver.com/haum1000   **인스타그램** @haum1007

**ISBN** 979-11-6440-340-0 (13180)

# 프롤로그
....................

내가 타로를 만난 지도 어느새 10년이 훌쩍 넘었다. 그 당시 나는 대학에서 학생 상담을 하고 있었다. 학생들을 만나면 만날수록 마음 열기가 참 어렵다고 느낄 때였다. 평소 새로운 것을 시도해 보는 것에 관심이 많았던 나는 내담자(상담을 받는 자)와 빨리 친해지는 좋은 방법이 뭐 없을까 고민하고 있었다. 상담 현장에서 상담 초기에 진단을 목적으로 주로 쓰는 도구는 표준화된 심리 검사이다. 그런데 심리 검사는 많은 문항을 읽으며 체크해야 하고, 다소 시간이 소요되어 처음 만나는 내담자들이 지루해하는 편이다.

상담 장면에서 상호 이해와 공감을 통한 라포(Rapport) 형성은 매우 중요한 과정이다. 상담 초기에 라포 형성을 위한 도구를 찾던 중 우연히 타로를 접하게 되었다. 처음엔 호기심에 배우게 되었는데 왠지 계속 끌림이 있었고, 마구마구 사람들에게 적용해 보고 싶은 열정이 생겼다. 교육을 받고 나서 만나는 사람마다 타로 이야기를 했고, 그들의 반응을 살피며, 메모하기 시작했다. 온통 머릿속에는 타로밖에 없었다고 해도 과언이 아닐 만큼 그 당시 정말 푹 빠져 있었다. 타로가 서양에서 온 도구이다 보니, 과연 우리나라 사람들의 정서와 잘 맞을까 하는 궁금증을 해소하고 싶었던 것 같다.

그렇게 시작한 타로와의 만남은 무척 설레었다. 한순간에 내담자의 마음의 문을 열게 하고, 생각하지도 못했던 내담자의 문제가 튀어나오고, 타로 카드 한 장의 그림을 보고 자신의 문제점을 깨닫게 하는 성찰의 기회를 제공할 수 있었다. 그뿐 아니라 그림 속에서 위로를 얻고, 힐링이 되었다는 내담자들의 피드백이 이어지는 등 놀랍고도 신기한 경험을 하게 되었다. 정말 기대 그 이상이었다.

그런데 타로 상담을 하며 다양한 사례를 모아 오던 중 나는 큰 딜레마에 빠지게 되었다. 타로 카드는 한국뿐 아니라 여러 나라에서 점성술의 도구로 사용하는 것이 지배적이라는 사실 때문이다. 사실 나는 독실한 크리스천이다. 어디선가 소문을 들었는지 찾아오셔서 '연애운'이나 '금전운'을 봐 달라는 분이 있을 때마다 당황스러움을 감출 수 없었다.

종교적 가치가 삶의 큰 의미인 나로서는 점쟁이로 오해를 받아야 하는 상황들이 참 속상했다. 그뿐 아니라 비전문가 같은 취급과 몇몇 동료에게서 비아냥거리는 소리를 들어야 했다. '이렇게까지 해서 타로 카드를 써야 하나…' 하는 고민 끝에 한동안 내려놓고 쳐다보지도 않았다. 하지만 그것도 잠시, 결국 타로만이 가진 특별한 부분에 이끌리어 다시 타로 카드를 손에 들었다.

타로는 투사 도구로 아주 탁월하다. 그림을 보며 자신이 겪었던 경험의 일부를 연상시킨다. 어떠한 방어도 없이 자신도 모르게 무의식 속에 담겨 있는 생각과 감정까지도 반영한다. 똑같은 그림을 보여 줘도 내담자의 마음 상태에 따라 제각각 다르게 리딩하는 모습을 보며 깜짝 놀랄 때가 많다.

　타로 점술가들은 문제에 따라 타로 카드를 뽑아 주고, 그 뜻을 해석해 주며 미래를 점친다. 상담자는 내담자의 미래가 아니라 '현재' 마음 상태에 관심이 있기에, 어떤 카드를 뽑았느냐가 중요하지 않고, 어떻게 읽느냐가 중요하다. 상담자의 간단한 터치가 내담자에게 깊은 신뢰를 주어 그림 한 장으로 정말 많은 이야기를 주고받을 수 있게 만든다. 소통의 도구로 이만한 도구가 없다는 생각이 내가 타로를 포기할 수 없는 이유이다.

　분명, 조심히 다루어야 할 부분도 있다. 상담자가 자칫 내담자의 호기심에 동요되어 휘말릴 수 있으니 말이다. 나 또한 초기에 시행착오를 겪어야 했다. 타로에 대해 잘 모르다 보니 시중에 나온 많은 책을 참고하여 내담자를 만났다. 대부분의 타로 관련 서적은 타로 카드 78장에 대한 각각의 의미와 점성술로 활용하는 방법과 관련된 것이었다. 그러다 보니 어느새 나도 모르게 타로 카드 하나하나의 의미에 초점을 맞추게 되었고, 내담자가 뽑은 카드를 '앞으로 어떻게 될 것 같다.'라는 식으로 미래를 예측하며 어떤 결론을 내리려는 실수를 범하고 말았다. 이것은 상담자로서 정말 하면 안 되는 위험한 일이다.

　오랜 시행착오 끝에 이제는 누가 어떻게 사용하느냐에 따라 그 이미지가 달라질 수 있다는 생각으로 타로에 대한 자신감을 가지게 되었다. 그로부터 지금까지 내담자의 마음에 집중하며 그들의 '무의식'을 탐색하고 현재의 '바람(Want)'을 찾는 데 열중하고 있다.

다행히 지금은 상담학계에서도 타로에 대한 관심이 높아졌고, 타로를 상담 장면에 활용하려는 상담사들이 눈에 띄게 늘어났다. 하지만, 상담 장면에서 타로를 통해 내담자의 현재 마음 상태를 알아차리도록 도울 수 있는 관련 서적이나 강의는 찾기 힘들다. 시중에 나온 책이나 강좌는 타로 점술과 관련되어 용어도 너무 어렵고, 내용을 이해하기가 쉽지 않다. 이런 어려움 속에서 나는 타로를 내담자를 통해 배웠다고 해도 과언이 아니다. 그들이 말해 주는 내용과 그들의 언어로 진실하게 소통하다 보면 라포 형성은 물론, 문제 해결의 실마리를 찾을 수 있었기 때문이다.

그렇게 오랜 시간 타로와의 동행을 이어 가던 중, 여러 사람이 집필을 권유했고, 나 또한 혼자만 알기에 아깝다는 생각에 용기를 내어 책을 집필하게 되었다. 앞으로 펼쳐질 내용은 상담 사례와 더불어 자신의 타고난 성격과 욕구를 찾도록 안내할 것이다. 또한 많은 사람이 인간관계가 가장 어렵다고 한다. 관계를 어떻게 맺어야 할지 몰라 고민하는 이들을 위해 관계 심리를 정리해 보았다.

필자가 책을 쓸 수 있었던 것은 타로에 대해 누구보다 많이 알아서가 아니다. 타로 카드가 심리 검사 도구로 객관적인 근거를 제시하기에 역부족이란 사실도 잘 안다. 그렇지만 앞으로 펼쳐질 이야기는 필자가 만들어 낸 허구가 아니라, 상담 장면에서 직접 보고 들은 사례를 통해 연구된 것이라는 점에서 그 의의가 있다. 더불어 필자는 학부모 교육, 교사 연수, 기타 특강을 다수 진행하면서 공통된 일정한 패턴을 발견하게 되었다.

그것은 누구에게나 타고난 성격이 있으며, 그 안에는 욕구가 존재한다는 것이다. 이와 관련된 내용은 2부 〈타로로 보는 기질 이야기〉에서 다루었다. 타고난 성격을 이해한다는 것은 자신뿐만 아니라 타인까지 이해할 수 있는 깊이를 제공한다. 아무쪼록 독자 여러분께 재미있고, 의미 있는 도서가 되길 기대해 본다.

이 책이 나오기까지 수많은 시간을 함께하며 누구보다 자기 자신을 믿고 써 보라고 끊임없이 용기를 주었던 남편에게 감사를 전하고 싶다. 포기하고 싶을 때마다 상담자로서 자부심을 갖게 해 주고, 글 쓰는 데 필요한 환경을 만들어 준 남편에게 한없이 감사하다.

세상의 편견 속에서 타로 카드를 상담에 활용하는 제자를 부정적인 시선으로 바라보지 않고, 따뜻한 격려와 지지를 보내 주신 임 교수님께 깊은 감사를 전한다. 누구보다 책을 손꼽아 기다려 주며 바쁜 와중에도 책에 멋진 옷을 입혀 주어 세상에 나올 수 있도록 컨설팅해 준 장미희 대표님과 우석진 대표님께도 감사를 전한다. 학교 현장에서 학생들과 상담하는 데 필요할 것 같다며, 꼭 책을 써 달라고 하신 교사분들과 동료 상담사에게도 깊이 감사드린다. 마지막으로, 내가 믿는 여호와 하나님께 깊은 감사와 영광을 드린다.

2023년 2월
이성자

## 3부  타로로 보는 관계 이야기

# 1부

## 재미있는
## 타로 이야기

최근 들어 타로(Tarot)에 대한 관심이 심리상담 전문가뿐 아니라, 일반 대중에게도 뜨겁다. 이러한 현상은 사람들이 자신을 이해하고, 삶의 의미를 찾고자 노력하는 과정에서 비롯된 결과라 생각한다. 하지만, 많은 사람이 타로를 투시력이나 신비스러운 것과 관련지어 점술 도구로만 이해하고 있는 점이 아쉽다.

아서 로젠가르텐에 의하면 타로 속에는 우리의 삶을 반영하는 다양한 상징이 내포되어 있어, 일상생활 중에 경험하는 여러 사건에 대한 '연상'을 불러일으키는 도구로 사용될 수 있다고 한다. '연상'은 상담 장면에서 개인의 무의식을 자극하여 내담자의 성찰을 촉진할 수 있는 중요한 요소다.

심리상담 장면에서 인간의 성격과 행동에 중요한 영향을 미치는 무의식을 진단하기 위해서 투사 검사(Projective Test)를 주로 사용한다.

투사 검사(Projective Test)란 피검자에게 모호한 시각 또는 언어 자극을 제시한 후, 자기 방식대로 해석이나 반응을 일으키게 하여 그 사람의 개인적 내면세계를 투영하도록 하는 심리 검사를 말한다. 그림이나 미술을 매개체로 사용하는 경우 '투사적 그림 검사'라고 한다(임나영, 2014).

여기서 타로가 투사적 그림 검사로서 가능성이 있을지의 여부를 논하고 싶지는 않다. 그것은 독자들이 판단해 주길 기대한다. 다만, 내담자가 방어하지 않고 내면의 깊은 생각, 감정, 욕구 등을 자연스럽게 표현할 수 있도록 하는 데 타로 카드가 탁월했음을 이야기하고자 한다.

앞으로 전개되는 내용은 실제 상담 사례를 바탕으로 기술하였다. 타로 상담은 내담자가 '어떤 카드를 뽑느냐'가 아니라, '어떻게 읽느냐'가 중요하다. 실제로 내담자가 타로를 읽을 때, 자신이 경험한 것을 토대로 자기 마음을 투영하기 때문이다. 결국, 상담자는 타로를 통해 내담자가 스스로 무의식 속에 감추었던 자신의 억압된 감정, 생각, 소망 등을 알아차리도록 돕는 역할을 하는 것이다.

한 가지 부탁은 독자 여러분도 제시된 타로 카드를 직접 읽고 메모해 보길 권한다. 이로써 타로가 투사적 그림 검사로서의 가능성이 있는지 직접 체험해 보며, 여러분 안에 내재된 무의식을 탐색해 볼 수 있는 셀프 치유 시간이 되길 희망해 본다. 더불어 독자 여러분과 소통할 수 있는 귀한 시간이 되길 바란다.

## PART 1

# 타로의
# 유래와 기원

타로는 어디서부터 유래된 것일까? 사실, 여러 의견이 제기되고 있지만 어디까지나 추측일 뿐, 정확히 말하기는 어렵다. 그럼에도 불구하고 많은 사람이 타로를 고대 이집트에서 생겨난 것으로 믿고 있다. 타로 카드의 의미와 사상, 여러 상징이 고대 이집트 문화를 담고 있다는 주장에서다. 그 외에도 인도의 '챠드랑가(Chartranga)'라는 놀이에서 기원했다는 인도 기원설, 중국의 주역에서 응용되었을 것이라는 중국 기원설, 현대 타로 카드의 기원 중 가장 유력한 유대 기원설 등이 있다. 유대 기원설은 타로 카드가 메이저 카드 22장 구조로 이루어진 것이 22개 알파벳으로 이루어진 히브리어와 신성한 카발라의 나무에서 왔다는 가설이다.

타로(TAROT)라는 말의 어원은 상형 문자로 이루어진 이집트의 두루마리 성전인 'TORAH'와 'ROTAS(수레바퀴)'에서 유래되었다고 한다. 또한 타로 카드는 기독교 구약 성서와 신약 성서의 내용, 신구 종교의 갈등(종교 개혁), 그리스 로마 신화의 원형들이 상징으로 표현되어 있기도 하다. 이처럼 타로 카드는 다양한 기원설과 다양한 상징이 존재하며, 타로 카드 종류 또한 8,000여 종이 넘는다.

이 책에서 사용된 타로 카드는 현재 가장 대중적으로 사용되고 있는 유니버셜 웨이트(Universal Waite) 카드이다. 이 카드는 그림의 색채가 아름답고, 단순하면서도 힘이 있고, 상징적인 의미를 쉽게 파악할 수 있다. 유니버셜 웨이트 카드는 메이저 아르카나(The Major Arcana) 카드와 마이너 아르카나(The Minor Arcana) 카드로 구성되어 있다.

아르카나(Arcana)란 라틴어 Arcanum의 복수형으로 '비밀'을 뜻한다.

0부터 21까지 로마 숫자와 각각의 이름이 쓰인 22장의 메이저 아르카나는 인생의 큰 비밀을 푸는 지혜라 할 수 있다. 마이너 아르카나는 의미 있는 인간관계나 인생의 여러 상황을 포함해서 세세한 비밀과 관련이 있다. 마이너 아르카나는 총 56장으로 완드(Wand)와 컵(Cup), 소드(Sword)와 펜타클(Pentacle)의 4개의 수트로 나누어진다. 메이저 아르카나 카드 22장은 이 책의 2부 〈타로로 보는 기질 이야기〉에서 중점적으로 다루었다. 마이너 아르카나 카드는 56장 전부를 다루지 않고 상담 사례에서 일부를 다루었다.

타로의 역사와 카드 의미를 기술한 책들이 이미 많이 출간되었기에, 여기서는 깊게 다루지 않았다. 그 이유는 타로 상담을 할 때, 해석자나 내담자의 관점에서 타로에 대해 반드시 학술적으로 접근할 필요는 없기 때문이다. 내담자는 오로지 자신에 관한 카드 읽기의 내용에만 관심이 있으며, 카드가 자신의 개인적인 상황과 관계를 어떻게 반영하는지에 대해 관심을 보인다. 그러므로 이 책에서는 타로 카드 하나하나의 의미나 미래를 예측하는 것 대신, 상담 장면에서 투사 도구로서의 활용 가치와 의미에 목적을 두고 기술하였음을 밝힌다.

## PART 2

재미로 보는

타로 심리테스트

## 심리 테스트 1

\* 위 카드를 보며 느낀 점을 즉흥적으로 답해 보세요.

**1.** 가운데 있는 사람은 앞으로 나아가는 것처럼 보이나요?
　　아니면, 멈추어 서 있나요?

<br>
...................................................................................

**2.** 앞에 있는 두 마리 스핑크스 중 어떤 색이 먼저 보이나요?

<br>
...................................................................................

## 1  사람이 나아가고 있고, 하얀색 스핑크스가 보인다면?

당신은 현재 열심히 살고 있군요. 하는 일도 잘 풀리고 있는 것 같고, 가로막고 있는 장애물도 별로 없어 보여요. 그동안 열심히 살아온 자신을 칭찬해 주세요!

## 2  사람이 나아가고 있고, 검은색 스핑크스가 보인다면?

당신은 현재 열심히 살고 있는데 뭔가 가로막고 있는 장애물이 있나요? 노력한 만큼 결과가 안 나오거나 열심히 하고 있는데 남들이 잘 알아주지 않거나 가족, 직장 상사, 동료와 소통이 잘 안되거나 뭔가 답답함이 있을 것 같아요. 당신의 노력이 언젠가는 열매를 맺게 될 거라 믿어 보시고, "열심히 살아 줘서 고맙다! 사랑해! 조금만 더 힘내!"라고 스스로를 칭찬하고 아껴 주세요.

## 3  사람이 멈춰 있고, 하얀색 스핑크스가 보인다면?

당신은 현재 무기력해 보여요. 지친 것 같기도 하고, 귀차니즘이 올라와 아무것도 하기 싫으신가요? 나아가기만 하면 앞에는 아무 문제가 없어요. 다만, 지금은 휴식이 좀 필요한 시기인가 봅니다. 잠시 쉬면서 자신을 돌아보고 재충전하는 시간을 가져 보길 바랍니다.

당신은 지금 스트레스를 많이 받고 있군요. 많이 힘드셔서 어떻게 해요. 아무것도 하기 싫은 무기력감과 뭔가 자신을 가로막는 스트레스 요인이 있어 보여요. 혼자서 힘들어하지 말고, '아프면 아프다고, 힘들면 힘들다고' 말해 주세요.

슬픔은 나눌수록 줄어든다고 하잖아요. 이럴 때일수록 자신을 아끼고 사랑해 주세요. 누가 뭐래도 당신은 세상에 하나뿐인 존귀한 존재입니다.

### 여기서 잠깐!

'사람이 멈춰 있고, 검은색 스핑크스가 보였지만 저는 아무 문제 없이 잘 살고 있는데요?'라고 생각되신다면 다음 소개되는 카드를 계속 읽으며, 공통적인 특징을 발견해 보세요. 혹시 나도 모르는 나의 모습을 발견할지도 모르니까요.

\* 위 카드를 보며 느낀 점을 즉흥적으로 답해 보세요.

♣ 이 그림에 그려진 다양한 상징물 중 가장 먼저 보인 것은 무엇인가요?
순서대로 나열해 보세요.

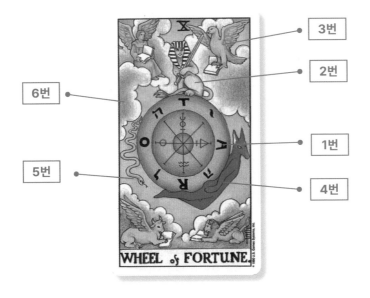

3번

2번

6번

1번

5번

4번

## 1  가운데 '휠'이 가장 먼저 보였다면?

당신은 자유롭게 돌아다니고 싶고, 놀고 싶고, 쉬고 싶은 마음이 마구마구 생기나요? 여행을 한번 떠나 보세요.

## 2  '스핑크스'가 가장 먼저 보였다면?

당신은 매사에 신중하고, 이성적이며 합리적인 사람 같아요. 흔들리지 않고 중심을 잡으려고 애쓰는 느낌이에요.

## 3 '책'을 보고 있는 금색 상징물이 가장 먼저 보였다면?

당신은 요즘 뭔가 배우고 싶고, 알고 싶고, 연구하고 싶나요? 학생이라면 공부를 열심히 할 것 같아요. 학위나 자격증 취득을 위한 노력을 하고 있는지도 모르겠네요.

## 4 '붉은 여우'가 가장 먼저 보였다면?

당신은 책임지고 돌봐야 할 가족이나 일이 있나요? 자유롭고 싶었을 텐데 그동안 많이 힘들었을 것 같아요. 당신이 짊어진 삶의 무게가 무거워 보여요. 그래도 당신의 돌봄과 희생이 있기에 누군가는 존재하고 있겠죠. 당신은 정말 귀한 분이십니다. 존경합니다!

## 5 '뱀'이 가장 먼저 보였다면?

당신은 요즘 잔꾀를 부리시나요? 아니면 지혜를 갖기 위해 노력하고 있나요? 부디 그것이 지혜이기를 바랍니다.

## 6 '구름'이 가장 먼저 보였다면?

당신은 요즘 막막하거나 알 수 없는 묘한 기분이 자주 드나요? 당신에게는 삶의 변화가 좀 필요할 것 같아요.

인생 뭐 있나요, 한 번뿐인 인생 하고 싶은 거 하면서 살자구요. 당신을 응원해요!

* 위 카드를 보며 느낀 점을 즉흥적으로 답해 보세요.

♣ 탁자 위에 있는 4개의 상징물 중, 가장 먼저 눈에 들어오는 것은 무엇인가요?

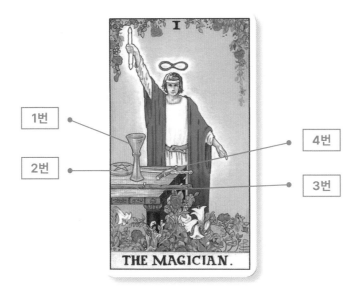

## 1 '컵'이 가장 먼저 보였다면?

당신은 요즘 '관계'에 집중하고 있나요? '컵'은 감정, 직관, 잠재의식, 사랑, 관계 등 정서적인 부분과 관련이 있어요. 누군가와 감정을 정서적으로 교류하고 있거나 아니면 그 반대로 관계 때문에 힘들 수도 있어요.

## 2 '펜타클'이 가장 먼저 보였다면?

당신은 요즘 '물질적 풍요'나 '정서적 안정'이 필요한가요? 펜타클은 안정성, 의존성, 신뢰성, 물질적 부와 관련이 있어요. 현재 당신에게는 경제적 안정이 곧 정서적 안정을 의미할 것 같아요.

## 3 '지팡이'가 가장 먼저 보였다면?

당신은 요즘 일과 사회 활동에 집중하고 있나요? '지팡이'는 일, 성취, 학업, 열정, 진취적 정신, 행동 등과 관련이 있어요. 너무 무리하지는 말고 쉬어 가며 하세요!

## 4 '검'이 가장 먼저 보였다면?

당신은 요즘 생각이나 고민이 좀 있으신가요? '검'은 문제, 갈등, 고통이 있다는 것과 관련이 있어요. 하지만, 큰 문제가 없는데도, 기질적으로 이성적이고, 논리적이며 합리적인 사람들이 검을 자주 보기도 해요. 힘들 때마다 '이 또한 지나가리라.'라고 생각하며 견디시길 응원해요!

## PART 3

# 내 마음을

# 읽어 봐

☾★

타로 카드 78장 중

다음으로 보여 줄 카드를

당신이 뽑았다고 가정하고,

카드를 읽어 보자.

혼자 해도 좋고,

가족과 함께해도 좋다.


읽은 내용을 아래 그려진 칸에

스토리텔링을 하듯 보이는 대로 메모해 보아라.

그리고 다음 페이지를 펼쳐라!


미리 다음 페이지를 펼친다면,

문제를 풀기도 전에 해답지를 본 것처럼,

여러분 마음이 오염될 수 있으니 주의하라!

\* 당신은 이 그림이 어떻게 보이나요?

**누가, 어디서, 무엇을 하는 장면 같은지 눈에 보이는 대로 스토리 텔링을 하듯 적어 보세요. 꼭, 다 적은 후에 뒷장을 넘겨 주세요!**

.................................................................................................

.................................................................................................

.................................................................................................

.................................................................................................

.................................................................................................

이 카드는 빙산 위에서 지팡이를 붙잡고 등불을 들고 서 있는 생각이 많은 은둔자 카드다. 핵심 키워드는 '지팡이', '등불', '빙산'이다. 읽은 내용 중 이 키워드를 어떻게 묘사했는지 중점적으로 살피면 된다.

'지팡이'는 주로 학업, 일(직업)과 관련되어 있다. 그런데 읽을 때 지팡이를 보지 못하는 사람들이 있다. 이들은 대체로 학업에 관심이 없는 학생이거나 아직 진로를 결정하지 못했거나 현재 일을 하지 않고 있거나 일은 하고 있으나 이직을 생각하고 있는 사람일 수 있다.

'등불'은 등대와 같은 의미로 생각하면 좋을 것 같다. 등불이 있어 어두운 밤을 환히 비춰 주는 것처럼 은둔자에게도 등불은 중요한 의미이다. 등불을 어디에 비추고 있느냐에 따라 해석이 달라진다. 등불을 자기 자신에게 비춘다는 사람과 타인에게 비추어 어두운 길을 밝힌다고 하는 사람으로 나뉜다. 자신에게 비추는 사람은 자기 성찰을 깊게 하는 사람, 타인에게 비추는 사람은 누군가를 위해서 의미 있는 역할을 하고 싶은 소망이 투영된 경우이다.

'빙산'은 은둔자가 서 있는 근본 바탕이다. 빙산이 금방 녹아 없어질 것 같다는 사람은 대체로 자기 자신의 현재 상태가 몹시도 불안한 경우이다. 반대로 탄탄해서 안정적으로 보인다는 사람은 열심히 노력해서 지식을 많이 쌓았거나 대체로 현재 만족스러운 삶을 사는 경우이다.

당신은 무엇을 보았으며, 지금 어디에 서 있는가? 은둔자 카드가 주는 핵심 메시지는 문제의 해답을 찾기 위해서 다른 사람과 세상을 바라보는 대신, 자신의 내면을 바라볼 시간을 가질 것을 권한다. 바쁘게만 사는 현대 사회에서 잠시 고요한 묵상을 통해 평화로운 시간을 가져 보아라. 조용히 음악 듣기, 산책하기, 책 읽기, 글쓰기, 그림 그리기 등 자기 성찰의 시간이 필요할 때이다.

**독백의 시간**

"내가 원하고 바라는 것은,




"

\* 당신은 이 그림이 어떻게 보이나요?

**누가, 어디서, 무엇을 하는 장면 같은지 눈에 보이는 대로 스토리
텔링을 하듯 적어 보세요. 꼭, 다 적은 후에 뒷장을 넘겨 주세요!**

.........................................................................................................

.........................................................................................................

.........................................................................................................

.........................................................................................................

.........................................................................................................

.........................................................................................................

이 카드는 한 남자가 승리를 상징하는 월계수 화관을 머리에 쓰고, 지팡이를 들고, 말을 타고 돌아오는 모습이다. 거리에는 군중이 다른 지팡이를 들고 있다. 핵심 키워드는 '월계수 화관으로 장식된 지팡이', '백마', '군중'이다.

'월계수 화관으로 장식된 지팡이'는 승리를 상징하는 것으로, 자신이 원하는 일이 성취되길 기대하는 마음이 투영된 것일 수 있다. 지팡이는 '일'과 '성취'를 의미한다. 여러 개의 지팡이 중 월계수 화관이 걸린 지팡이가 눈에 들어온다면 그동안 해 왔던 일로 인정받거나 열심히 노력해서 성취하거나 힘든 상황에서의 성공적인 결과가 나타나길 기대하는 마음이다.

'백마'가 두르고 있는 연두색은 풍요와 안정을 상징한다. 그런데 간혹 백마의 눈에 집중하며 "눈이 누군가를 째려보고 있어요." "백마의 목이 잘렸어요." 등 부정적인 시선으로 읽기도 한다. 이런 경우 자신이 못마땅하게 여기며 눈치를 보는 사람이 주변에 있는지 살펴보아라.

  '군중'의 표정이 어떻게 느껴졌는가? 환호하고 있다고 느꼈다면, 누군가의 성공을 함께 기뻐하는 것일 수 있다. 반면, 별로 행복해 보이지 않는 표정이라면, 나의 성공을 시기, 질투하는 사람이 있을 것 같아 눈치를 보는 것인지, 아니면 내가 누군가를 시기, 질투하는 마음이 있는지 살펴보아라. 혹시 주변에 나보다 잘나가는 사람이 있는가? 그 사람을 보는 내 마음은 어떤가? 만약, 이와 관련이 없다면 현재 자신의 심리가 좀 위축된 경우일 수 있다.

  요약하면, 지팡이 6번 카드가 주는 핵심 메시지는 일에서의 성공은 혼자만의 성과가 아니라, 주변에서 도움을 주는 사람이 있었기에 가능한 일이니 겸손하게 처신하고 승리의 기쁨을 함께 나누라는 것이다.

**독백의 시간**

"내가 원하고 바라는 것은,




                                                                              "

\* 당신은 이 그림이 어떻게 보이나요?

**누가, 어디서, 무엇을 하는 장면 같은지 눈에 보이는 대로 스토리**
**텔링을 하듯 적어 보세요. 꼭, 다 적은 후에 뒷장을 넘겨 주세요!**

.................................................................................................

.................................................................................................

.................................................................................................

.................................................................................................

.................................................................................................

　이 카드는 어떤 사람이 침대에 앉아서 두 손으로 얼굴을 감싸고 울고 있는 모습이다. 핵심 키워드는 '검', '침대에 그려진 그림', '얼굴을 감싼 손', '이불'이다.

　'검'은 고민, 고통, 생각 등이 많아 고뇌하고 있음을 의미한다. 이 카드는 검이 무려 9개나 있다. 이것은 통제할 수 없을 만큼의 큰 고민이 여러 개 있다는 것을 가리킨다. 그래서 이 카드를 근심의 카드라 부르기도 한다. 그런데 검은 주인공을 해치지 않고 옆에 걸려 있다. 그렇지만 스스로 만들어 낸 불안, 두려움, 공포, 죄책감 때문에 불면증, 우울증, 공황이나 편집증을 겪고 있을 수도 있다. 반면, 별로 고민이 없는 사람은 9개의 검을 '블라인드' 또는 '창문'으로 읽기도 했다.

　'침대에 그려진 그림'은 당신의 무의식을 가리킨다. 침대 옆면 그림을 보면 한 사람이 다른 사람을 칼로 공격하고 있다. 이 그림을 본 사람은 대체로 무의식에 깊은 두려움과 공포를 느끼고 있을 수 있다. 이런 경우 무의식을 의식화하는 작업이 필요하다. 전문가와 상담을 통해 좀 더 깊이 성찰해 보길 권한다.

'얼굴을 감싼 손'은 이러지도 저러지도 못하는 진퇴양난에 빠져 삶을 똑바로 바라보길 거부하는 모습을 가리킨다. 그렇지만 본인이 생각하는 것만큼 그렇게 큰 문제가 아닐 수도 있다. 다만, 그 두려움을 마주할 용기가 없을 뿐이다. 이 카드의 핵심 키워드는 바로 이것이다. 용기 내어 얼굴 가린 손을 내려놓고 현실을 직시하는 것이다.

'이불'은 이 그림에서 가장 밝은색으로 묘사된 것을 볼 수 있다. 이불이 상징하는 것은 희망이며 문제 해결의 실마리다. 비록 희망이 가까이에 있지만, 너무 지치고 힘들어 눈을 가리고 보지 않고 있다. 만일, 당신이 이 그림을 읽었을 때 이불이 끝까지 눈에 들어오지 않았다면, 지치고 힘든 당신을 위해 스스로 위로해 주어라. 분명, 희망이 있을 거라고.

요약하면, 검 9번 카드가 주는 핵심 메시지는 당신을 괴롭히는 문제가 무엇이건 회피하지 말고 직면하라는 것이다. 그렇게 되면 환한 이불과 같이 희망적인 실마리를 찾을 수 있을 것이다. 고민을 많이 한다고 해서 좋은 해결책을 찾는다고 단정할 수 없으니, 마음을 굳게 먹고 현실을 직면하고 일어나라. 더불어, 혼자만 힘들어하지 말고, 주위를 살펴 도움을 청하라. 간절하다면 분명 방법이 있을 것이다.

**독백의 시간**

"내가 원하고 바라는 것은,

"

PART 4

타로 읽기
사례 모음

## 고독과 외로움

"한 남자가 쓰러져 있는 컵을 보며 슬퍼하고 있어요.
쓰러진 세 개의 컵 밑에는 피가 묻어 있네요."

➜ 관계에서 상처를 받은 이 남성은, 이별의 아픔을 혼자 감내하고 있
었다. 쓰러져 있는 컵 아래 '피'가 묻어 있다고 한 것은, 현재 마음
이 고통스럽다는 것을 암시했다. 하지만, 남자 뒤에는 2개의 세워
진 컵이 있다. 즉, 이 사람 주변에는 좋은 관계를 맺을 수 있는 다른
사람이 있지만 그것을 보지 못할 정도로 현재 힘들다.

"사람이 누워 있는데 위에서 칼이 내려와 찔릴 것 같아요.

다른 식구 하나 없이 집에 혼자 있어요.

밖에는 이 사람과 전혀 상관없는 사람들이 막 웃으면서 놀고 있어요.

옆에 있는 큰 칼은, 자기를 지키려고 호신용으로 가지고 있는 것 같아요.

➤ 아빠가 자상하지 못하고 가정적이지 않았던 이 여성은, 젊은 나이에 아빠와 정반대인 자상한 남편을 만나 혼전 임신으로 결혼했다. 남편은 자상하긴 하지만 좀 무심하다. 2년 넘게 주말부부를 하고 있어 더 외롭다. 남편을 비롯한 주위 사람들은 자신이 외롭다고 말하면 부담스러워하며, 너 정도가 뭐가 아쉬워서 그러냐며 핀잔을 준다. 이 여성은 늘 혼자라는 생각으로 외로움, 불안, 공포와 맞서 자신을 보호하기 위해 힘겹게 싸우고 있었다.

"전쟁터에서 혼자 살아남은 느낌이다.

뭔가 다 이룬 것 같긴 한데, 혼자 있는 것 같다.

덧없다. 왜 이렇게 살고 있는지.

하지만, 다시 산다고 해도 또 이렇게 살 것 같다."

➜ 한 직장에서 20년 넘게 일한 이 남성은 흙수저로 태어나 거저 되는 일 없이, 늘 노력하면서 정말 열심히 살았다. 완벽주의적인 성격과 성실함으로, 초고속 승진으로 젊은 나이에 임원까지 되었다. 하지만, 항상 혼자라는 생각이 들면서 뭔가 채워지지 않는 텅 빈 마음이 느껴졌다. 자꾸만 모든 것이 덧없다는 생각에 잠긴다. 이렇게밖에 살 수 없는 자신도 속상하고 답답하지만, 그렇다고 크게 달라지지 않을 것을 알기에 한숨과 체념이 묻어났다.

## 결혼 생활

"남자와 여자는 서로 사이가 안 좋아 보여요.
앞에 있는 나무 4개는 감옥 창살 같아요.
그리고 그 위에 매달린 과일은 너무 무거워 보여요."

➜ 이 여성은 40대 중반으로 남편과 이혼 후, 4명의 자녀를 홀로 양육
하고 있었다. 창살 같은 나무와 매달린 과일의 무거움은 결혼 생활
에 대한 고뇌와 아이들 양육에 대한 힘든 마음을 투영한 것으로 보
인다. 예쁘고 사랑스러운 아이들이지만, 혼자서 키워야 하는 상황
이라 그 책임감이 무겁게 느껴졌나 보다.

"파란 톱날 같은 것이 부부를 자를 것 같아요."

➡ 결혼한 지 15년이 된 이 여성은 남편과 살면서 오히려 더 외로웠다. 감정형인 여성이, 이성적인 남편을 만나 성격이며 취향이 너무 달랐다. 결혼 전과 다른 애정 표현도 마음에 걸렸다. 집에만 오면 게임만 하며 지내는 남편을 바라보는 것이 점점 지쳐 갔다. 아이들이 있지만 신경 쓰이지 않았다. 이대로 계속 살아야 하나 아니면 헤어져야 하나 심각히 고민하고 있었다. 주위의 예쁜 그림을 전혀 보지 못한 것을 보면, 이 여성이 현재 얼마나 고통스러운지 짐작할 수 있었다.

"암울하다. 천에 꽁꽁 묶여서 눈도 가려져 있고,
주변에는 칼도 꽂혀 있어서 옴짝달싹하지 못하는 것 같다.
슬퍼 보인다. 이 그림을 보자마자 아내가 생각났다.
천은 이 사람을 옭아맨 것 같은 느낌이 있고,
눈을 가린 천은 아내가 나를 똑바로 보지 않는 것 같다."

➜ 30대 중반의 이 남성은 현재 부인과 별거 중이다. 정확히 말하면
아내가 이혼하자고 일방적으로 통보하고 집을 나갔다. 슬하에는
이제 갓 돌이 지난 아들이 한 명 있다. 아침에 눈을 뜨면 자기 혼자
아이를 키울 생각에 암울하고, 슬퍼진다. 아내가 자기 말을 듣지
않고, 핸드폰도 차단하며 계속 피한다. 이 카드를 보며 자기 생각
에 빠져서 아무도 보지 않으려는 아내를 떠올렸다.

"목발을 한 남자가, 앞에서 힘겹게 가고 있는 여자를
안쓰럽게 바라보며 뒤따라가고 있다."

➡ 부부 상담 중 남편이 뽑은 카드다. 남편은 그간 이런저런 일을 많
이 했었지만 다 망하고, 현재는 산에서 나무를 하며 지내고 있었
다. 아내는 전문직 여성이며, 가족에게 아주 헌신적인 타입이다.
아내가 경제적인 힘을 가지고 있어 생활하는 데는 크게 문제가 되
지 않지만, 남편의 유유자적한 모습을 보면 자기만 힘들게 사는 것
같아 속상하다. 남편이 자신의 마음도 몰라주고 자기밖에 모르는
사람이라 생각했지만, 타로 그림 한 장으로 남편의 속마음을 알아
차리고 그만 눈물을 보이고 말았다.

## 사랑 그리고 상처

"남자와 여자는 서로 사랑하는 사이 같아요.
그런데 가운데 날개 달리고 무섭게 생긴 사자가
둘 사이를 갈라놓으려고 하는 것 같아요."

➜ 29세 결혼 적령기에 있는 이 여성에게는 현재 사랑하는 사람이 있
   다. 엄격한 부모님 밑에서 늘 착한 딸로 사는 게 힘들어, 벗어나고
   싶다는 생각에 빨리 결혼하고 싶었다. 그러던 중 부드럽고 자상한
   남자를 만나게 되어 사랑에 빠졌다. 하지만, 아버지는 남자 친구의
   가정 형편이 좋지 않고, 직업도 마음에 들지 않는다는 이유로 심하
   게 반대하고 있다.

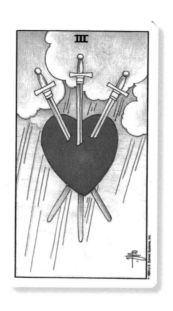

"가슴에 큰 칼이 세 개나 꽂혀 있네요.
뭔가 비장해 보여요."

➡ 30대 후반의 남성이 이 카드를 뽑고 한 말이다. 타로 카드에서 '검'
은 주로 고민, 걱정, 판단을 내려야 할 일 등을 상징한다. 그래서 혹
시나 큰 걱정거리가 있나 싶어 물었다. 돌아온 대답은, 그동안 아
무도 없었는데 갑자기 자기를 좋아하는 여성이 3명이나 생겨, 누구
를 선택해야 할지 참으로 고민이 된다고 했다.

"여왕의 옷 겨드랑이에 갈색 손 모양이 너무 무서워요."

➡ 30대의 기혼 여성이 이 카드를 뽑고 무서워 떨었다. 어린 시절 부모님은 가게를 하셨다. 그런데 가끔 이 여성에게 가게를 맡기고 어디를 가셨다고 한다. 그때 사촌 오빠가 놀러 왔었고, 가게 안에 딸린 방에서 성폭행을 당했다. 그뿐 아니라, 지나가는 손님도 들어와 성추행을 했다고 한다. 초기 상담에서 꺼내기 힘든 말이었을 텐데, 카드 한 장으로 이 여인이 어린 시절 겪은 트라우마를 쉽게 꺼낼 수 있어 놀라웠다.

## PART 5

타로 상담

사례 모음

# 모두가 제 탓 같아요

여진(가명)이는 당시 고3이었다. 처음 상담실을 찾아왔을 때 얼굴이 몹시 불안해 보였고, 묻는 말에 겨우 대답할 정도로 말이 없고 목소리도 작았다. 나는 속으로 '여진이가 말하게 하려면 좀 힘들겠는데 이거 어쩐다?'라는 생각을 했었다.

사실 청소년은 상담실을 자진해서 오기보다 대부분 엄마의 손에 이끌려 오는 친구들이 많다. 그러다 보니 상담에 소극적인 경우가 대부분이다. 거기에 평소 말수가 적은 편이라면 속된 말로 기가 빨리는 상황이 발생한다. 이때 내담자의 호기심을 자극하고, 상담자를 믿고 따를 수 있도록 신뢰감을 주는 관계 형성은 매우 중요한 작업이다. 여진이의 호기심을 자극하고, 말을 하도록 유도하기 위해 타로 카드를 꺼내 들었다.

"여진아, 선생님이 타로 카드를 한번 펼칠까 해.
뜻을 몰라도 되고 정답도 없으니까 너무 부담 갖지 말고,
요즘 너의 마음을 생각하며 한 장을 뽑아 줘.
그리고 보이는 대로 그림에 대해 이야기해 주면 돼."

여진이가 뽑은 카드는 '마이너 컵의 6번' 카드이다. 이 카드를 여진이가 읽는 것을 들으며, 나는 깜짝 놀랄 수밖에 없었다. '어떻게 이 카드를 저렇게 읽지?' 참, 신기하고 놀라웠다.

"금기라는 단어가 생각나요(왼쪽 아래 비석 모양의 'x' 모양을 가리키며 한 말). 뒤에는 어떤 사람이 창을 들고 가지 말아야 할 곳으로 가고 있어요. 건물 안에는 누군가 갇혀 있어 살려 달라고 하는 것 같고, 남자아이와 여자아이는 건물 뒤에서 이야기하고 있어요. 그런데 여자아이가 손에 장갑을 끼고 있는 것을 보니 무슨 문제가 있는 것 같아요. 앞에 보이는 금잔 위의 꽃은 세 개는 활짝 피어 있는데, 나머지 하나는 시들어 죽어 가고 있어요."        ( 당시 고3, 여 )

이 카드의 의미를 찾아보니 '오랜 친구 또는 연인과의 새로운 만남'으로 해석되는 행복한 카드다. 하지만 여진이는 전혀 다르게 읽었다. 여진이 사례뿐만 아니라 다양한 사람과 다양한 카드의 읽기 사례를 보면서 한 가지 중요한 사실을 깨달았다. 타로가 보는 사람의 마음에 따라 전혀 다르게 읽힐 수 있다는 것이다. 도대체 여진이에게 무슨 일이 있었던 것일까? 말문을 열기 시작한 여진이의 이야기를 나는 숨죽여 들었다.

"제가 초등학교 때 부모님이 이혼하셨어요. 저는 아빠를 따라 할머니 집에서 살게 되었고, 아빠는 이혼한 지 1년 뒤에 바로 재혼을 하셨어요. 아빠는 일 때문에 바빠서 항상 늦게 들어오셨고, 저는 새엄마 눈치를 보며 하루하루 불안하게 살아야 했어요. 할머니와 새엄마도 성격이 잘 맞지 않아 큰소리가 많이 났었고, 그럴 때마다 새엄마는 저에게 화를 냈어요. 제가 뭔가를 하려고 하면 "야, 그거 하지 마!" 하면서 반대가 심했어요. 그래서 그런지 제가 가장 듣기 싫은 말이 "하지 마."라는 말이에요. 정말 화가 나지만 참았어요. 세상에 저 혼자인 것 같아 죽고 싶을 때도 많았지만 그래도 참아야 한다고 생각해 힘겹게 버티고 있었거든요.

시간이 지나 저는 고3이 되었고 수능만 끝나면 이 집을 떠나고야 말겠다고 속으로 다짐을 했어요. 그런데 최근에 제 대학 문제로 아빠와 새엄마가 심하게 다투는 것을 들었어요. 그날 새엄마는 화가 나서 집을 뛰쳐나가셨고, 아빠는 곧바로 뒤따라 나가셨어요. 그리고는 얼마 후 교통사고로 두 분 다 돌아가셨다는 연락을 받았어요.

모든 것이 저 때문인 것 같아요. 저만 아니었어도 두 분이 싸우실 일이 없었을 테니까요. 정말 저는 쓸모없는 존재인 것 같아요. 차라리 태어나지 말았어야 했어요. 요즘 아무것도 할 수 없고 그저 죽고 싶다는 생각뿐이에요. 지금은 친엄마랑 같이 지내고 있는데 엄마가 제가 문제가 있다고 생각해서 여기 상담소로 데리고 온 것 같아요."

이제야 이해가 되었다. 왜 이 카드에서 남들이 잘 보지 않는 비석 위

'X' 표시를 보고 '금기'라는 단어를 제일 먼저 떠올렸는지. 아마도 평소에 '하지 말라'는 말을 많이 들었던 여진이의 마음이 이 그림에 투영된 것 같다. 이처럼 타로에는 다양한 종류의 상징물이 그려져 있고, 그 중 어떠한 것을 먼저 보느냐가 상담에 중요한 실마리를 제공해 준다.

대체로 카드를 읽을 때 뒤에 있는 그림이나 남이 잘 보지 않는 상징물을 보는 경우는 심리적으로 위축되어 있거나 불안이 높은 경우이다. 여진이도 그림을 뒤에서부터 보기 시작했다. '창을 들고 가지 말아야 할 곳으로 가고 있다', '누군가 살려 달라고 하고 있다', '여자아이가 장갑을 낀 것을 보니 무슨 문제가 있다', '하나는 시들어 죽어가고 있다' 등 부정적인 패턴으로 읽는 것을 보면, 심리적으로 매우 불안하고 위축된 상태라는 것을 알 수 있었다.

나는 여진이의 이야기를 끝까지 경청하며, 공감해 주었다. 그리고 부모님이 돌아가신 것이 절대로 여진이 탓이 아님을 정성을 다해 설명했다. 자기 탓이 아니라는 말이 위로가 되었는지 여진이는 한참을 울었다.

여진이의 타고난 성격은 '인내의 달인을 상징하는 8번'이다(128페이지 ~130페이지 참고). 평소 고난과 역경이 와도 잘 참는 편이지만, 어린 나이에 부모의 이혼과 아빠와 새엄마의 죽음을 감당하기는 참으로 힘들었을 것이다. 죽고 싶다는 생각을 자주 하는 여진이에게 살아야 할 이유, 즉 삶의 의미를 찾게 해 주는 것이 중요해 보였다.

"여진아, 네가 그동안 힘든 일을 겪으면서
죽고 싶다는 생각을 자주 했다고 했는데,
실제로 그것을 실행에 옮기지 못한 이유는 무엇일까?"

다소 불쾌하고 뜬금없다고 생각할 만한 이 질문에 여진이는 당황한
표정으로 머뭇거렸지만 이윽고 말을 이어 갔다.

"살아 계신 엄마가 슬퍼할 것 같아서요.
저도 겪고 보니 너무 힘들고 고통스러워요.
다 제 잘못 같고…. 이렇게 죽는 것은 좀 억울해요.
한 번이라도 행복을 느끼며 살아 보고 싶어요.
죽기 전에 하나라도 제가 하고 싶은 것 이루면서….
이대로 죽으면 제가 너무 불쌍하잖아요."

"그래 바로 그거야!
방금 말한 그 이유가 여진이가 앞으로 살아야 할
이유이자 삶의 의미란다.
여진이가 하고 싶고, 이루고 싶은 꿈이 뭔지 궁금해진다."

빅터 프랭클이 창시한 '의미치료(Logotherapy)'에서는 어떤 시련과 고
통도 그 속에서 의미를 찾을 수 있다고 강조한다. 또 치료의 초점이
'과거'가 아니라 '미래'에 있다. 여진이가 현재 겪고 있는 고통이 너무
크지만, 살아야 할 이유가 분명히 있기에 앞으로 그것을 바라보며 용
기를 갖도록 권면하였다. 무엇보다 여진이에게는 고난과 역경을 이겨

낼 수 있는 '힘(Strength)'이 타고난 성격에 내재되어 있음을 깨닫게 해 주었다.

그동안 연구했던 '8번' 기질(2부에서 중점적으로 다룸)에 대해 여진이에게 충분히 설명하고, 참아야 할 일이 생기는 것이 여진이 잘못 때문이 아님을 수용하게 했다. 그리고 아픔을 빨리 털어 버리고, 타인을 돌보고 치료할 수 있는 사람이 되어 주길 조언했다. 실제로 8번 기질이 치료 관련 분야에 흥미와 적성이 높은 사람이 많았다는 정보도 함께 제공했다.

1년 뒤 여진이 소식이 궁금했는데, 엄마와 연락이 닿았다. 엄마는 여진이가 간호학과에 입학하게 되었다며 몹시 기뻐하셨다. 8번이 가진 '인내심과 돌보는 힘'을 자신의 진로에 잘 승화시켜 꿈을 이룬 것이다. 현재 종합 병원에서 간호사로 근무하고 있는 여진이는 자신의 타고난 성격을 잘 이해하고, 그에 맞는 진로를 결정한 것이다. 힘든 고난과 역경 속에서도 자신이 살아야 할 이유를 찾고, 의미 있는 삶을 살고자 용기를 낸 여진이가 기특하고 자랑스럽다

## 역사학자가 되고 싶어요

"여보세요? 실례지만 그곳은 어떤 상담을 하는 곳인가요?"

어느 늦은 오후, 40대 중반의 여성에게서 전화가 걸려 왔다. 아들이 학업 스트레스가 많은데 상담을 받을 수 있는지 물었다. 자세히 설명한 후 가능하다면 부모님이 함께 오실 것을 권유했다. 일반적으로 학생들을 상담하는 경우 부모를 함께 만난다. 그런데 왠지 전화 속 어머니의 목소리는 약간 당황한 듯이 느껴졌다.

"아…. 그런데, 남편이 올지 모르겠네요.
연락은 한번 해 볼게요."

몇 시간 후, 비교적 밝은 모습으로 지훈이(가명)와 부모님이 함께 상담소로 들어왔다. 잠시 대기실에 앉아 있는 모습을 보니 지훈이와 아버지는 멀찍이 떨어져 있었다. 지훈이에게 간단한 학습 관련 심리 검사를 한 뒤에 부모님과 함께 상담실로 들어오게 했다. 그리고 지훈이의 생일 카드를 꺼내 보여 주고 다음과 같이 설명했다.

"지훈아! 검사하느라 조금 지루했지?
지금부터는 너랑 그림을 보며 이야기할 거야.
그림을 해석하거나 해답을 찾으려 하지 말고,
그냥 그림의 느낌을 말해 주면 돼.
예를 들어 그림 속 인물은 누구이며,
지금 어떤 기분일 것 같은지,
그림 속에 있는 사물이나 상징물 중에서
특별히 눈에 띄는 것이 있다면 어떤 것인지,
편하게 말해 주면 돼. 자, 그럼 시작해 볼까?"

"이 사람은 '별'이나 '하늘'에 대고 제사를 지내거나 기도를 하는 사람 같아요. 신관이나 예언자 같기도 하네요. 얼굴 표정이 엄숙해 보여요. 그리고 아래쪽 땅은 빙산 같은데, 그 위에 서 있어요. 편안해 보여요. 빙산의 크기는 적당해 보여요. 그런데 빙산에 비해서 사람은 반 고흐나 타이탄(위성)처럼 큰 사람같이 보여요."

솔직히 지금까지 읽은 내용만으로는 지훈이의 마음 상태를 가늠하기 어려웠다. 그래서 하나의 카드를 추가로 더 뽑게 했다. 그때 나온 카드가 '지팡이의 여왕' 카드이다.

"신화에 나오는 여신 같아요. 해바라기가 보이고, 옥좌에 있는 사자가 보여요. 맨 앞에 고양이가 보이는데 고양이는 여신과 친하지 않은 사이인 것 같고, 오히려 불행을 가져다줘요. 여신 뒤 왼쪽의 금빛 산과 오른쪽 잿빛 산은 대조되는 느낌이 들어요. 그리고 고양이는 앞을 보고 있는데 여신은 다른 쪽을 보고 있어요. 여신의 표정은 무표정이네요."

'지팡이의 여왕' 카드를 읽은 내용을 들으며 직관적으로 지훈이가 누구와 관계가 안 좋을 수 있겠다고 느껴졌다. 그리고 여신 뒤 왼쪽의 금빛 산과 오른쪽 잿빛 산을 대조되는 느낌으로 표현한 것을 보면, 뭔가 양가감정이 있겠다 싶었다. 특히, 이 여신과 친하지 않고, 오히려 불행을 가져다주는 '고양이'와 같은 존재가 있다면 누구인지 궁금했다.

"선생님은 네 이야기를 듣고 이런 생각을 했어.
그림 속 고양이와 같이 너에게
불행을 가져다주는 존재가 있을 것 같다고.
혹시 그렇게 느끼는 사람이 주변에 있을까?"

"네…. 있어요. 아빠."

지훈이는 아버지를 싫어했다. 그래서 고양이를 아버지로 투영해서 읽은 것 같다. 지훈이의 아버지는 철저한 원리원칙주의자였다. 어머니 또한 아버지보다는 덜하지만 만만치 않았다. 지훈이의 부모님은 지훈이를 감성적으로 보살피기보다, 늘 이성적이고 합리적인 기준을 제시하며 다그쳤다.

원래 지훈이는 어린 시절부터 남보다 욕심도 많고, 큰사람이 되겠다는 말을 자주 하는 아이였다. 대체로 주위의 기대에 어긋나지 않아 비교적 인정도 많이 받고 자랐다. 그래서 처음 9번 카드를 읽었을 때 "빙산에 비해 사람은 반 고흐나 타이탄(위성)처럼 큰 사람같이 보여요."라고 한 것 같다.

중학교 때 지훈이는 부모님을 따라 잠시 1년 정도 외국에 나가게 되었다. 그리고 다시 한국으로 돌아와 또래 친구들보다 한 학년 낮은 학년으로 복학을 했다. 그때부터 학교생활에 적응하기가 힘들었고, 친구들 사이에서 왕따가 되기 시작했다. 지훈이는 역사나 철학을 좋아해서 끊임없이 누군가와 이야기하고 싶어 했지만, 자신의 이야기를 들어 줄 대상이 아무도 없었다.

지훈이는 성공하고 싶은 욕구, 인정받고 싶은 욕구가 매우 컸다. 그런데 현재 자신의 모습은 너무 하찮은 존재같이 느껴졌다. 특히 대학교수인 아버지 앞에서는 언제나 스스로 초라하게 느껴졌다. 아버지에게 늘 자신의 미숙함만 보이는 것 같았고, 그래서 앞으로도 절대 인정받을 수 없을 것 같은 불안감에 시달렸다. 그렇다고 아버지에게 지고 싶지는 않았다.

어떻게든 아빠를 눌러 보고 싶었고, 보란 듯이 잘되어 코를 납작하게 해 주고 싶었다. 하지만, 그런 생각을 하면 할수록 점점 머리는 복잡해지고 수업에 집중이 안 되어 결국 성적은 자꾸만 떨어지고 말았다. 이러다 정말 큰일이 날 것 같아 불안해서 살 수가 없었다. 불안한 마음을 조금이라도 달래 보려다 그만 게임에 빠져들고 말았다.

지훈이는 이상과 현실 사이에 거리감이 있어 불안 증세가 나타난 것 같았다. 역사학자라는 진로 목표가 있어도 현실에서는 인정받지 못할 것 같고, 사회적 지위나 경제적인 부도 갖기 어려울 것 같은 두려움을 느꼈다. 학습량에 있어서 자신의 역량보다 늘 과도한 목표를 세웠기 때문에 매번 목표 달성에 실패했다. 그런데 이 모든 슬픔의 원인이 부모님 특히, 아빠 때문이라는 피해 의식을 가지고 있었다. 그래서였을까? 지훈이는 무의식에서 누가 뭐래도 자신은 '큰사람'이라고 외치는 듯 보였다.

지훈이의 다면적 인성 검사(MMPI) [1] 결과 우울증, 편집증, 강박증의 증상이 정상 범주에서 벗어난 것으로 나타났다. 그렇지만 사회적 외향성이 높아서 평소 적극적이고 활발한 모습을 자주 보였다. 그래서 지훈이의 어려움을 주변 사람은 전혀 눈치채지 못했다. 그저 이랬다저랬

. . . . . . . . . . .

1 )  MMPI(The Minnesota Multiphasic Personality Inventory)는 1943년 미국 미네소타 대학의 Hathaway와 Mckinely에 의해서 처음으로 개발되었다. 이후 오랜 기간 많은 임상 자료들이 축적되면서 지금은 세계적으로도 가장 널리 쓰이고 있는 객관적 성격 검사이다.

다 하는 변덕스러운 아이, 자기 주제도 모르고 SKY대에 가겠다고 말만 앞서 있고 공부는 하지 않는 아이로 생각해 가족들은 지훈이를 전혀 신뢰하지 못했다.

가족에게 상처받은 지훈이를 위해 가족 상담을 병행하였다. 가족이 비난과 평가가 아닌 사랑과 배려로 지훈이를 대할 수 있도록 권유하였으며, 아버지와의 화해를 도왔다. 동시에 지훈이에게 현재 자신의 불만족스러운 모습이 누구의 탓도 아닌 바로 자기 자신의 욕심 때문이라는 것을 인식하게 하고, 현재 자신의 모습을 있는 그대로 수용하여 과도한 목표 대신 지금 자신이 할 수 있는 것부터 시작하도록 도왔다.

6개월 동안 상담을 진행한 후 마무리 단계에서 타로 카드를 뽑게 했는데, 우연인지 필연인지 '지팡이의 여왕' 카드를 또 뽑았다. 다시 읽어 보라고 했는데 신기하게도 여신 앞에 있는 고양이가 이제는 아무렇지도 않다고 했다.

그리고 4년 후, 대학에서 역사학을 전공하고 있는 지훈이를 우연히 만나게 되었다. 비록 원하는 대학 진학은 실패했지만, 현실을 긍정적으로 수용하려는 자세가 엿보였다. 앞으로 대학원에 진학해서 역사학자가 되기 위해 계속 공부를 이어 갈 생각이란다. 그토록 원했던 일을 끝내 포기하지 않고, 끈기 있게 이루어 냈구나 싶어 마음속으로 앞날을 힘껏 응원했다.

# 재혼을 앞둔 어느 여성의 뜻밖의 고민

"두 남녀는 서로 사랑하는 사이일 것 같아요. 그런데 지금 무슨 안 좋은 일이 있어요. 남녀 사이에 산이 있고, 구름이 있어서 왠지 둘 사이를 방해하고 있거든요. 남자는 여자를 바라보고 있는데 여자는 신을 바라보고 있어요. 마치 도움을 청하는 모습처럼 보여요. 그런데 천사의 날개가 무서워요."

겨울 어느 날 한 통의 전화가 걸려 왔다. 전화 속 그녀는 몹시 흐느끼며 어렵게 말문을 열었다. 그녀는 22살의 어린 나이에 한 남자를 사랑하게 되었다. 부모님의 반대에도 불구하고 사랑에 빠져 결혼을 했고, 이윽고 예쁜 딸을 갖게 되었다. 그런데 기쁨도 잠시 삶의 무게는 한없이 무겁기만 했다.

경제적인 어려움을 겪다 보니 부부는 자주 말다툼을 하게 되었다. 직장 생활을 하겠다는 것도 반대하며, 자신의 일거수일투족을 감시하고 트집을 잡는 남편 때문에 우울한 나날을 보내게 되었다. 그런데 어느 날, 남편은 뇌출혈로 갑자기 세상을 떠나고 말았다.

그 이후 그녀는 다른 남자를 만날 수가 없었다. 자기 때문에 남편이 죽은 것 같아 죄책감으로 괴로워했고, 사랑에 대한 환상이 깨지고, 마음은 점점 얼음처럼 차가워져만 갔다. 무엇보다 딸아이를 혼자 키우느라 마음의 여유를 가질 수가 없었다.

18년이 지난 지금, 얼어붙은 자신의 마음을 녹게 해 준 한 남자를 만나 어느새 사랑하게 되었다. 그 남자의 슬하에는 자신의 딸과 동갑인 고등학생 아들이 하나 있었다. 행복한 결혼 생활을 꿈꾸며 새로운 인생을 준비하고 있을 무렵, 4명이 함께 저녁 식사를 하고 이 여성의 집에서 하룻밤을 자게 되었다.

그런데 다음 날 딸아이가 잔뜩 겁에 질려 그녀를 찾았다. 결혼하게 될 아저씨의 아들이 자신을 성폭행했다고 알렸다. 하늘이 무너져 내리는 것만 같았다. 일단, 자신과 딸아이의 정신적 충격을 돌보는 것이 먼저라는 생각에 상담소를 찾았다. 물론 결혼할 남자에게도 이 사실을 말했다. 그 남자도 화를 주체할 수 없어, 자기 아들을 차마 못 보겠다고 했다. 만일 아들을 보게 되면 자신이 무슨 짓을 할지 모르겠다며….

그녀에게 앞으로 어떻게 할 것인지 물으니, 그 남자와의 결혼 생각은 변함이 없었다. 딸을 생각하면 가슴이 아프지만 어렵게 찾아온 사랑을 포기하고 싶지 않았다, 자신도 이제는 행복해지고 싶다며 목 놓아 울부짖었다.

"두 남녀는 서로 사랑하는 사이일 것 같아요."
그런데 지금 무슨 안 좋은 일이 있어요.
남녀 사이에 산이 있고, 구름이 있어서
왠지 둘 사이를 방해하고 있거든요."

그녀가 읽은 내용을 살펴보면, 현재 자신이 겪은 상황을 그림에 그대로 투영한 것을 알 수 있다. 둘 사이를 방해하는 안 좋은 일이 바로 딸이 겪은 아픔이었다.

"천사의 날개가 무서워요."

그녀는 딸에 대한 죄책감과 자신이 언젠가는 심판받을지도 모른다는 생각에 불안과 걱정이 가득했다. 이러한 두렵고 무서운 마음이 천사의 날개에 투영된 것 같다. 그녀의 타로 기질 번호는 6번 '연인(The Lovers)' 카드로 사랑이 키워드다. 다시 찾아온 사랑이 그녀에게 얼마나 소중한지 알기에, 그녀의 선택에 대해 어떤 말도 할 수가 없었다. 그저 그녀의 말을 들어 주고 위로해 주며, 그녀가 평온을 찾을 수 있도록 잠시 곁에 있어 줄 뿐이었다.

## PART 6

타로 심리상담은

이렇게

타로 심리상담사 전문가 과정을 교육하다 보면 수강생들이 해석하는 부분을 많이 어려워한다. 나름대로 이유를 살펴보니 첫째는 자신이 아직 타로에 대해 잘 모른다고 생각해 해석을 두려워한다. 둘째는 내담자의 이야기를 생각보다 주의 깊게 잘 듣지 않는다는 것이다. 대부분 자신의 고정 관념과 편견으로 듣고 싶은 부분만 듣는 경향이 있다.

타로 심리상담사가 타로를 해석한다는 것은 내담자가 뽑은 카드에 대해 해답을 제시해 주는 것이 아니다. 여기서 '해석'은 상담자와 내담자의 '소통'을 의미한다. 다시 말해, 타로에 대해 잘 알아야만 할 수 있다는 말이 아니다. 사실, 필자도 타로 카드 하나하나의 의미를 잘 알지 못할 때 상담을 시작했다. 오히려 타로에 대한 의미를 어느 정도 알게 될 때, 편견을 갖게 되었고 점을 치듯 상담하는 실수를 범하기도 했다.

타로 심리상담의 목적은 타로를 매개로 하여 상담자와 내담자가 서로 소통하며, 내담자가 자신의 감정이나 생각을 억압하거나 방어하지 않고, 자연스럽게 오픈하도록 돕는 것이다. 궁극적으로는 내담자의 무의식을 탐색하고, 스스로 '지금-여기(Hear and Now)'에 존재하는 심리 상태를 성찰하고, 있는 그대로 수용함으로써 보다 나은 삶을 영위할 수 있도록 돕고자 함이다.

"주 여호와께서 학자들의 혀를 내게 주사 나로 곤고한 자를 말로 어떻게 도와줄 줄을 알게 하시고, 아침마다 깨우치시되 나의 귀를 깨우치사 학자들 같이 알아듣게 하시도다"
이사야 50:4

"이 사람은 자신이 일궈 놓은 세계에서 뭔가 부족함을 느끼고, 과거 어두움의 세계에 있었던 시간을 고뇌하면서 산책하고 있어요. 어깨가 축 처져 있고, 컵 한 개가 비어 있는 것을 보니 완벽해지고 싶은데 왠지 완벽하지는 않은 사람 같아요. 현재 가정을 일구어 나름 행복해 보여도 그곳에 완전히 낄 수 없는 어떤 소외감 같은 것을 느끼고 있는 것 같아요. 또 달이 표정이 있는 것을 보니 이 사람이 잘 살고 있는지 지켜보고 있는 것 같아요. 달은 이 사람이 행복하길 바라는 것 같은데, 현재 달의 표정이 좋지 않은 것으로 보아 또다시 이렇게 힘들어하는 모습을 보며 안타까워하는 것 같아요."

타로 심리상담사가 되기 위해서는 몇 가지 갖추어야 할 능력이 있다. 그것은 '경청하기', '공감하기', '질문하기', '요약하기'이다. 물론, 이 능력은 하루아침에 가질 수 있는 것은 아니다. 타로 심리상담에 대한 열정과 관심을 가지고 많은 임상 사례를 접하다 보면, 자기도 모르는 사이에 한층 더 성장할 것이라 믿는다.

타로 심리상담을 하기 위해 다음 제시된 6단계, 즉 타로 읽기, 미러링하기, 키워드 찾기, 질문하기, '욕구(Want)'를 알아차리도록 요약하기, 긍정의 힘을 찾아 격려하며 마무리하기를 순서대로 한번 따라 해 보자. 미래를 점치듯이 "당신은 ○○하군요." "당신은 앞으로 ○○하게 될 것 같네요."라는 식의 예측하는 말투를 사용하지 않도록 주의해야 한다.

## ■ Step 1. 타로 읽기(내담자)

먼저, 타로를 어떻게 사용할 것인지 간단히 설명해 주고 상담을 시작하는 것이 좋다. 혹시나 내담자가 크리스천일 경우 거부감이 있을 수 있으니 미리 설명해 두는 것이다. 그리고 타로 카드 78장을 펼친 후, 내담자에게 한 장의 카드를 뽑게 하고 읽게 한다. 내담자가 읽을 때 상담자는 귀로만 듣지 말고, 되도록 내담자의 말을 모두 받아 적는 등 적극적으로 경청하는 것이 매우 중요하다. 이때, 상담자는 내담자의 언어 그대로 받아 적어야 한다.

### 💬 오프닝 멘트

"오늘은 A 씨의 요즘 마음이 어떤지 알아보는 시간을 가지려 해요. 이것은 제가 자주 쓰는 도구로 '타로 카드'라고 해요. 혹시 들어 보셨나요? 시중에서는 저와 다르게 점술 도구로 많이 쓰이고 있어 혹시 오해하실 것 같아 미리 말씀드려요. 저는 미래를 점치는 사람이 아니구요. 선생님의 마음을 읽는 도구로 이 카드를 쓸 건데 괜찮으실까요?"

### 💬 원 카드 스프레드 멘트

"그럼 지금부터 타로 카드를 펼칠게요(그림이 보이지 않게 뒤집어서 펼친다). 이 중 하나만 뽑아 주세요. 이때, 다른 것은 생각하지 마시고, 선생님 마음에만 집중하셔야 해요."

### 💬 읽기 전 멘트

"이제 뽑은 카드를 뒤집어서 봐 주세요. A 씨가 많은 이야기를 해 줄수록, 제가 A 씨 마음을 이해하는 데 도움이 많이 된답니다. 정답은 없어요. 그냥 보이는 대로 누가 무엇을, 어떻게 하고 있는지 스토리텔링 하듯 말해 보세요. 자, 그럼 시작해 볼까요? 이 그림이 어떻게 보이시나요?"

---

■ Step 2. 미러링하기

---

미러링(반영) 단계는 앞에서 받아 적은 내용을 상담자가 있는 그대로 다시 읽어 주는 것이다. 자신이 무심코 읽었던 내용을 타인의 입을 통

해서 다시 듣다 보면, 자신이 미처 생각지도 못했던 이야기가 밖으로 나와 스스로 깜짝 놀라기도 한다. 단지 그림이 보이는 대로 말했을 뿐이지만, 읽다 보면 '아~ 이거 내 이야기구나.'라고 인정하는 분위기가 된다.

## ▦ Step 3. 키워드 찾기

키워드 찾기 단계는 매우 중요하다. 앞에서 받아 적은 내용을 상담자가 한번 훑어보며, 반복되는 말이나 감정 단어 또는 문장을 찾아 밑줄을 그어 본다. 다음은 A 씨의 사례에서 필자가 찾은 키워드 예시다.

"이 사람은 자신이 일궈 놓은 세계에서 뭔가 부족함을 느끼고, 과거 어두움의 세계에 있었던 시간을 고뇌하면서 산책하고 있어요. 어깨가 축 처져 있고, 컵 한 개가 비어 있는 것을 보니 완벽해지고 싶은데 왠지 완벽하지는 않은 사람 같아요. 현재 가정을 일구어 나름 행복해 보여도 그곳에 완전히 낄 수 없는 어떤 소외감 같은 것을 느끼고 있는 것 같아요. 또 달이 표정이 있는 것을 보니 이 사람이 잘 살고 있는지 지켜보고 있는 것 같아요. 달은 이 사람이 행복하길 바라는 것 같은데, 현재 달의 표정이 좋지 않은 것으로 보아 또다시 이렇게 힘들어하는 모습을 보며 안타까워하는 것 같아요."

## ■ Step 4. 질문하기

질문을 잘하면 내담자와의 소통이 원활해져 해석이 쉬워진다. 그래서 질문하기 단계가 가장 어려울 수 있다. 앞에서 내담자의 읽기 내용을 적극적으로 경청하다 보면, 뭔가 궁금하고 더 알고 싶은 내용이 있을 것이다. 그때, 질문하면 된다. 일차적으로는 키워드 중심으로 질문하고, 그다음은 직관적으로 질문하면 좋다. 이때 내담자가 스스로 이야기할 수 있도록 충분한 시간을 주어라. 그리고 만일 '네', '아니요'라고 단답형으로 이야기했을 경우 당황하지 말고 "조금 더 구체적으로 말해 주실래요?" 또는 "어떤 부분이 다르다고 느껴지셨는지 조금 더 구체적으로 설명해 주실래요?"라고 다시 물어보면 된다.

### 💬 질문 예시 1

상: A 씨는 요즘 자신이 일궈 놓은 삶(세계)에서 뭔가 부족함을 느끼며 고뇌하고 계신가요?

내: 네, 맞아요.

상: 아, 그러시군요. 그렇다면 특히 어떤 부분이 고민이 되는지 조금만 더 자세히 설명해 주실 수 있으실까요?

### 💬 질문 예시 2

상: A 씨는 제가 보기에 평소 완벽해지고 싶은 마음이 있으신 분 같은데, 현실은 마음(컵) 한구석이 비어 있는 것처럼 현재 삶이 만족스럽지 못하다고 생각하시는 것 같아요. 혹시 그러신가요?

내: 아니요. 그렇지는 않아요.

상: 아, 그러시군요. 그럼 살면서 언제 만족스럽다고 느끼는지 조금만 더 설명
해 주신다면, 제가 A 씨를 이해하는 데 도움이 될 것 같아요

내: 저는요(이때, 내담자의 말을 끝까지 경청하며 공감하는 것이 중요하다).

💬 **질문 예시 3**

상: A 씨가 이 그림 속 남자를 보며 가정에서도 소외감을 느끼고 있는 사람 같
다고 하셨는데 혹시 A 씨도 가정에서 이와 비슷한 감정을 느끼고 있나요?

내: (깜짝 놀라며) 네, 어떻게 아셨어요? 사실 아무한테도 티를 안 내려고 노
력했거든요. 친구들을 만나도 제 남편을 흉보는 것 같아서 말을 못 했어
요.

💬 **직관적인 질문 예시 4**

상: A 씨는 누구보다 행복하고 싶은 분인데 이 사람이 어깨가 축 처져 있다고
느낀 것은 A 씨가 행복하지 않다고 느낄 때, 과거 힘들었던 시절이 다
시 떠올라 기운이 빠지시나 봐요. 만약 신이 있다면 자신이 잘 살고 있기
를 바랄 것 같은데, 아마 누군가 자신의 모습을 안타깝게 바라볼 거라 생
각하고 계시나 봐요. 혹시 그런 분이 있다면 누구일까요?

내: 하나님요. 제가 전에는 종교 생활을 열심히 했었는데 코로나19 이후로 교
회에 나가지도 않고 기도와 말씀을 멀리하며 좀 나태해졌어요. 아마 하나
님께서 저를 보며 안타까워하실 것 같아요. 그림을 다시 보니 달이 저인
것 같기도 하네요. 사실 저 스스로 생각해도 제가 너무 불쌍해요(눈물을
보임).

## ■ Step 5. '욕구(Want)'를 알아차리도록 요약하기

앞에서 한 작업을 통해 내담자에 대해 새롭게 알게 된 사실을 나누고 내담자가 진정으로 원하는 것이 무엇인지 알아차릴 수 있도록 도와준다. 인간은 누구나 '욕구'를 가지고 있다. 그 욕구가 충족되지 못했을 때 욕구 불만으로 슬픔, 우울, 불안, 공포, 두려움 등의 부정적 정서가 초래된다. 내담자가 타로를 읽는 것을 집중해서 듣다 보면, 내담자의 욕구가 보인다.

### 💬 요약하기 예시

"지금까지 이야기를 들어 보니 A 씨는 그 누구보다 행복해지고 싶은 사람이었군요. 특히, **타인에게 인정받고 사는 것이 행복한 삶**이라 여기셨던 것 같아요. 그래서 항상 자기보다 다른 사람의 기분이나 생각이 더 중요했고 그들에게 맞추면서 사셨나 봐요. 그러다 관계에서 더는 상처받지 않기 위해 자신을 보호하는 방법을 하나씩 터득하셨구요. 그 덕분에 인간관계를 맺는 기준을 나름 만드셨고, 좀 더 단단해질 수 있었던 것 같아요. 그래서 이제는 괜찮아졌다고 생각했는데 그렇게 치열하게 살다 보니 왠지 행복해도 뭔가 불안하고, 과거 어두운 세계로 다시 돌아갈 것 같은 불안감이 생기신 것 같아요. 그나마 남편을 만나 상처에서 벗어날 수 있었고, 자식도 낳고 가정을 일구다 보니 행복한 줄만 알았는데, 해소되지 않는 공허함이 계속 찾아와 힘드셨군요. 가족조차도 자신의 감정을 충분히 공감하지 못한다는 생각에, 또다시 사람에게 상처받았던 시절로 돌아갈 것 같아 불안하신 것 같아요."

타로 카드 78장 중에는 그림이 무섭고, 어둡게 그려진 카드가 있다. 내담자가 이런 카드를 뽑기라도 하면 상담자가 먼저 놀란 표정을 짓게 된다. 하지만, 그 모습을 들키지 않도록 주의해야 한다. 상담자가 놀라고 불안한 표정을 지으면 내담자 마음이 어떻게 되겠는가? 다행히, 아무리 부정적으로 보이는 카드라고 해도, 그림 속에는 반드시 긍정의 힘이 있다.

그것을 찾아 격려하며 마무리하는 것이 중요하다. 부정의 반대는 긍정이 되는 것처럼, 부정적인 그림을 바꾸어 생각해 보아라. 그것만 극복하면 된다. 그렇게 그림 속에서 찾은 긍정의 힘은 상당히 오랫동안 내담자 가슴속에 남아 있다. 아마도 시각적인 이미지 효과인 것 같다. 타로 카드로 마음의 문을 활짝 열었으니 다음 상담부터는 훨씬 수월하게 진행될 것이다.

### 💬 마무리 예시

"완벽해지려는 마음은 사실 욕심이 아닐까 싶어요. 컵이 8개나 있는데도 불구하고, 현재를 만족하지 못하고 위에 한 자리에 비어 있다고 뒷모습을 보이며 어디론가 떠나는 이 사람처럼 말이죠. 인간의 불완전함을 인정하고 지금 나의 모습을 있는 그대로 수용해 보세요. A 씨는 지금까지 충분히 열심히 살았고, 좋은 남편을 만나 가정을 꾸리셨으니 현재를 마음껏 즐기셔도 되지 않을까요? 이 그림의 메시지는 과거 어둡고 불안했던 감정 또는 주변 사람들의 시선을 뒤로하고 새로운 곳으로 떠나 보라는 것 같아요. 그러니 용기 내어 보세요."

A 씨는 평소 타인에게 인정받고 싶은 마음 때문에 자기보다 다른 사람의 기분이나 생각이 더 중요한 사람이었다. 그렇게 자기보다 주변 사람에게 집중하며 살았음에도 돌아오는 것은 배신과 상처뿐이었다. 남편을 만나 상처에서 벗어날 수 있었고, 자식도 낳고 가정을 일구다 보니 행복한 줄만 알았는데, 해소되지 않는 공허함이 계속 찾아와 삶을 뒤흔들었다.

가족조차도 자신의 감정을 충분히 공감해 주지 못한다는 생각에 소외감을 느꼈고, 또다시 사람에게 상처받았던 시절로 돌아갈 것 같은 불안함이 있었다. 결국, 행복해도 불안해하는 자신에 대해 안타까움과 연민을 느끼고 있었다.

겉으로는 환하게 웃으며 사람을 대했지만, 가끔 공허함과 우울감이 몰려오는 이유를 몰라 답답했었는데, 이렇게 우연히 뽑은 타로 카드 한 장으로 무의식 속 자아와 만나게 되었다. 현재의 불행이 누구 때문이 아니라 자신의 문제였다는 것을 알게 되었고, 내담자 자신이 관계속에서 끊임없이 사랑받고 중심이 되고 싶은 '자기애'가 강한 사람이었다는 것을 깨닫게 되는 귀한 시간이었다.

## • Self counseling •

이제 내 마음도 한번 해석해 볼까요?

당신이 아래 그림을 뽑았다고 가정하고,

그림이 어떻게 보이는지 느끼는 대로 적어 보세요.

.....................................................................................................................................................

.....................................................................................................................................................

.....................................................................................................................................................

.....................................................................................................................................................

.....................................................................................................................................................

• 앞에서 적은 내용을 토대로 한번 따라 해 보세요. •

## 1단계. 타로 읽기

## 2단계. 미러링하기(소리 내어 읽어 보세요)

## 3단계. 키워드 찾기

## 4단계. 질문하기

## 5단계. '욕구(Want)'를 알아차리도록 요약하기

## 6단계. 긍정의 힘을 찾아 격려하며 마무리하기

# 2부

타로로 보는

기질 이야기

앞에서 우리는 똑같은 타로 카드를 보여 주어도 개인의 기분이나 상황에 따라 다르게 읽을 수 있다는 것을 알 수 있었다. 그것은 타로에 다양한 상징물이 그려져 있어, 그것에 자신의 경험을 연상시켜 투영하기 때문에 가능한 일이다. 특히, 개인이 가진 '욕구(Want)'에 따라 타로를 보는 관점이 달랐다. 현실에서 욕구가 충족된 경우에는 비록 부정적인 카드를 뽑았어도 긍정적으로 읽었다. 반면, 욕구 불만을 경험하고 있는 사람의 경우, 밝고 좋은 카드도 부정적으로 읽는 경향이 나타났다.

필자가 강연할 때 주로 사용하는 질문이 있다. 그것은 "당신은 어떤 욕구를 가지고 있나요?"라는 질문이다. 이 질문을 받으면 대부분 당황해하며 말을 잇지 못한다. 특히, 성인은 더 그렇다. 현대인들은 인생을 살면서 자신이 어떤 욕구를 가지고 태어났는지 알지 못할 뿐 아니라, 안다 해도 그것을 풀어 낼 여유도 없이 너무 열심히들 산다.

한국인은 문화적 특성 때문인지 자기보다 남을 더 우선시하는 경향이 있다. 자기를 좀 더 살피면 이기적인 사람이 되어 버리고, 사람들로부터 곱지 못한 시선을 받는다. 그렇게 주변 사람, 가족 등을 살피다 보니 어느새 성인이 되어 버렸다. 그래서 나이가 들수록 억울한가 보다. 우리나라 사람들에게 '화병'이 생긴 것을 보면 말이다.

그렇다면 개인의 '욕구'는 어디에서부터 만들어진 것일까? 기질적으로 타고난 것일까? 아니면 환경에 의해 후천적으로 만들어진 것일까? 필자는 타로 상담을 하며 이 질문에 대한 답을 얻었다. '욕구'는 '기질'이란 속성에 포함되어 있으며, 만들어 낸 것이 아니라, 날 때부터 가지고 태어난 것이다. 예를 들어 부, 명예, 권력, 성취, 자유로움, 즐거움, 아름다움, 인정받고 싶은 욕구 등 이러한 본질적인 욕구는 기질(氣質)에 따라 각각 다르게 인식하고 원한다.

기질은 심리학적 관점으로 '어떤 사람의 타고난 성질'을 의미한다. 필자는 개인의 타고난 성질인 '기질'을 타로에 비추어 보았다. 사실 타로는 비과학적이며, 비논리적인 도구이다. '그런데 어떻게 타로로 기질을 이야기할 수 있지?'라는 의구심이 들 것이다. 타로 마스터들에 의하면 사람들은 누구나 자기만의 성격 카드를 가지고 있다고 한다. 이는 각 카드가 가진 상징성과 관련이 있다. 타로에서 말하는 성격 카드는 탄생을 의미하는 생일 카드이다.

필자는 타로의 생일 카드를 가지고 내담자와 일대일 상담, 또는 집단 상담, 강의 등을 통해 임상 자료를 모았다. 이는 통계적으로 접근하기 위해서다. 개인 상담에서는 자신이 보는 자기 성격의 장단점을 표현하게 하였고, 대학생들에게는 자신의 성격에 대해 주변 사람들의 피드백을 받아 Report로 제출하게 하였다. 또 집단 활동에서는 집단 개개인에 대해 각각 그 사람을 나타내는 특징을 적게 했고, 자기 생각과 비교하게 했다. 이렇게 모은 자료를 타로의 생일 카드 특징과 비교해 보았다. 이러한 활동은 '내가 보는 나', '남이 보는 나'를 탐색하게 함으로

써, 진정한 '자기', 즉 정체성을 찾도록 하기 위해서다.

　이렇게 오랜 기간 타로 상담을 하며 모은 자료에서, 같은 생일 카드를 가진 사람들에게는 공통적인 패턴이 있다는 것을 발견하게 되었다. 타고난 '특질'과도 같은 것인데, 어감상 이것을 '기질'[2]이라 명명하고(아무리 생각해도 더 좋은 이름을 발견하기 어려웠다), 다음 장에서 그것을 소개하고자 한다. 독자 여러분도 자신의 기질에 대한 특징을 읽어 보며, 자기 모습과 비교해 보길 바란다. 어디까지나 필자가 모은 통계이니 맞을 수도 있고, 틀릴 수도 있다. 부디, 사주나 역학으로 오해하지 않기를 간곡히 부탁드린다. 그리고 '저 사람은 저런 사람이다.'라는 식으로 단정 짓는 오류를 범하지 않고, 그저 한 인간을 이해하는 데 추가 자료로 활용하길 바란다.

　기질은 후천적으로 만들어진 '성격'과 달리 비교적 안정적인 속성을 지녀 변화시키기가 어렵다. 나의 모습이나 타인의 모습 중 바꿀 수 없는 기질적 특성이 있다면, 그것을 수용할 수 있는 마음을 가지고, 변화시킬 수 있는 부분에 초점을 맞추길 바란다. 더불어 자신이 느끼는 기쁨, 슬픔, 분노, 우울 등의 감정이 어디에서부터 오는 것인지 깨닫고, 수용했으면 한다. 내 탓도, 남 탓도 아닌 기질 때문이라고 생각하며, 조금이라도 편해졌으면 한다.

　Episode 첫 페이지는 독자 여러분이 직접 읽고 메모해 보는 장이며,

........

2 ) 기질과 관련된 과학적이고 객관적인 심리 검사로는 TCI 기질 및 성격 검사(마음사랑)와 K-Ti(한국 MBTI 연구소)가 있다.

이야기 첫 단락은 타로 카드 이해를 돕기 위한 간단한 설명으로 구성되어있다. 중간 단락부터는 필자가 상담이나 강의를 통해 모아 온 데이터를 기반으로 기술하였다.

"주여,
내가 변화시킬 수 없는 일에 대해서는
그것을 받아들일 수 있는 평온함을 주시고,

내가 변화시킬 수 있는 일에 대해서는
도전할 수 있는 용기를 주시옵소서.
그리고 이 두 가지를
구분할 수 있는 지혜를 주시옵소서.

하루하루를 성실하게 살아가게 하시고,
순간마다 즐기며 살아가게 하옵소서.

또한 곤란한 일을 당할 때면
평화로 가는 통로라고 생각할 수 있게 하옵소서."

- 칼 폴 라인홀트 니부어의 기도문 中 -

# • 나의 기질 카드 찾는 계산법! •

♣ **간단한 계산을 통해 메이저 카드 22장 중 무엇이 자신의 기질 번호인지 알아보자.**

타로는 서양의 도구라 양력만 있지만, 우리나라는 음력 생일이 있기 때문에 개인의 기질을 이해하기 위해 양력, 음력 모두 계산한다.

| | 양력 | 음력 |
|---|---|---|
| 주요 기질 | 생년+월+일 | 생년+월+일 |
| 숨겨진 기질 | 월+일 | 월+일 |

\* 주요 기질: 타고난 주된 성질
\* 숨겨진 기질: 속에 감춰 있어 남들이 잘 모르는 성질

### 1단계 | 양력과 음력 생일을 각각 구한다

예) 양력을 음력으로, 음력을 양력으로 변환(네이버 생일 변환)

(양) 1980년 12월 3일생 → (음) 1980년 10월 26일

### 2단계 | 생년월일 숫자를 모두 더한다

(양) 1980+12+3=1995 / (음) 1980+10+26=2016

### 3단계 | 최종적으로 나온 네 자리 숫자를 모두 더한다

단, 네 자리 숫자를 모두 더한 값이 23 이상이면, 즉 23번부터는 두 수를 다시 더한다. 기질 번호는 22번이 마지막 번호이다.

**주요 기질:** (양) 1995=1+9+9+5=24=2+4=6 / (음) 2016=2+0+1+6=9
**감춰진 기질:** (양) 12+3=15 / (음) 10+26=36=3+6=9

• 나와 가까운 가족 또는 지인들의 기질을 찾아보세요! •

```
Memo




```

| 아빠 | 양력 | 음력 |
|---|---|---|
| 주요 기질 | | |
| 숨겨진 기질 | | |

| 엄마 | 양력 | 음력 |
|---|---|---|
| 주요 기질 | | |
| 숨겨진 기질 | | |

| 나 | 양력 | 음력 |
|---|---|---|
| 주요 기질 | | |
| 숨겨진 기질 | | |

| 형제 | 양력 | 음력 |
|---|---|---|
| 주요 기질 | | |
| 숨겨진 기질 | | |

| 자매 | 양력 | 음력 |
|---|---|---|
| 주요 기질 | | |
| 숨겨진 기질 | | |

| ? | 양력 | 음력 |
|---|---|---|
| 주요 기질 | | |
| 숨겨진 기질 | | |

나의 기질을
찾아서

☽★

타로로 보는 기질 Episode는
내담자들의 이야기를 바탕으로,
비슷하게 나타나는
공통적인 패턴을 정리한 것이다.
100% 정답도 아니지만,
전혀 근거 없는 이야기도 아니다.
그러니 사주나 점성술로는
오해하지 않기를 바란다.


앞에서 계산하는 방식으로
기질 번호를 찾으면 '1번'은 없다.
그래서 Episode 2번부터 시작된다.


기질 이야기를 읽는 Tip!
먼저, 앞에 제시된 카드를 읽고,
그 사람이 어떤 성격으로 보이는지
메모한 후 다음 장을 펼쳐라.


맞다, 틀리다를 논하기보다
나와 비슷한 점은 무엇이고,
다른 점은 무엇인지 스스로 비교해 보고,
그저 자기를 알아 가는 과정으로
가볍게 읽어 주길 바란다.

## Episode 2번

이 사람의 성격은 어떨 것 같나요?

........................................................................

........................................................................

........................................................................

........................................................................

........................................................................

........................................................................

# 알다가도 모를 사람

2번은 '고위 여사제' 카드다. 높은 직급으로 보이는 여사제가 차분하고 지적이면서 다소 냉철한 얼굴로 앉아 있다. 물은 감정을 의미하는데, 여사제 뒤에 물이 얕게 흐르고 있는 것으로 보아, 감정을 잘 드러내지 않는 것으로 보인다. 두 기둥의 B와 J는 솔로몬 성전의 'Boaz(보아스)'와 'Jachin(야킨)'을 의미한다. 여사제는 부정과 긍정을 상징하는 두 기둥 사이에서 중심을 잡으려고 지혜의 율법서인 tôrāh를 들고 있다.

2번의 기질적 특성은 여성적이고, 지혜롭고, 이성적이다. 고위 여사제는 '하나님의 신부'라고 말할 정도로 종교적인 색채가 강해 영성과 통찰력이 뛰어나다. 영적 지혜로움으로 아픈 영혼을 치유하고 좋은 길로 안내할 수 있다. 이들은 대체로 외모가 좋고, 뭐라 설명할 수 없는 신비로움을 가지고 있어 대체로 이성에게 인기가 많다.

2번이 검은색과 흰색 기둥을 동시에 가지고 있는 것은 이들의 '이중성(서로 다른 두 가지 성질)'을 상징한다. 즉, 2번이 가진 에너지는 좋은 쪽이거나 아니면 아주 파괴적인 방향으로 사용될 수 있다. 특히, 스트레스를 받으면 극단적으로 흘러갈 수 있어 주의가 필요하다. 반면, 종교 생활을 열심히 하고 있거나 냉철한 이성으로 평온함을 유지하고 있는 사람이라면, 고도의 직관을 발휘하여 상담과 조언을 잘할 수 있다.

2번이 관계를 맺는 방식은 쉽게 속을 내비치지 않으며, 약간 독특한 면이 있다. 그래서 사람들은 이들을 '알다가도 모를 사람'이라고 칭하기도 한다. 기분에 따라 감정의 기복도 심한 편이며, 그 강도가 무척 세다. 질투심도 많고, 직감이 좋아 눈치도 빠르다. 자녀가 학원을 빠진 것을 말하지 않아도 '감'으로 알아차린다. 이들 앞에서는 거짓말도 금방 탄로가 난다.

2번 타로 그림에서 왼쪽 발아래 초승달이 파란색 천에 눌려 있는 것을 볼 수 있다. 이들은 무의식 속에 잠재된 본질적인 욕구를 이성적인 힘으로 절제해야 하는 과제가 있음을 의미한다. 그리고 초승달은 비밀스러움을 의미하기도 한다. 사실, 이들에게 비밀은 신비로움을 유지하기 위해 필요하다. 그러니 지나치게 이들에 대해 알려고 할 필요가 없다.

2번의 욕구는 인정에 대한 욕구, 사랑받고 싶은 욕구, 아름다움에 대한 욕구, 경제적인 부를 누리고 싶은 욕구, 성취와 안정의 욕구, 지적 탐구 욕구, 명예를 가지고 싶은 욕구가 있다. 이 중 '인정받고 싶은 욕구'가 가장 큰 것 같다. 무엇보다 이들은 사람들이 자신을 무시한다고 여길 때, 남들보다 성과가 없을 때, 경제적으로 궁핍하다고 느낄 때 스트레스를 받는다. 아름다움에 대한 욕구를 충족시키기 위해서는 자신을 가꾸는 일을 게을리하지 않아야 한다. 특히, 지혜로운 사람이 되기 위한 노력이 필요하다. 적합한 직업으로는 교사, 상담사, 종교인, 테라피스트, 연예인, 패션 관련 서비스업, 공무원, 경찰, 간호사 등이 있다.

이 사람의 성격은 어떨 것 같나요?

........................................................

........................................................

........................................................

........................................................

........................................................

# 밥 잘 챙겨 주는
# 엄마 같은 스타일

3번은 '여황제' 카드다. 여황제는 모성이 강해 땅의 어머니라고 부르기도 한다. 여인이 왕관을 쓰고, 황금 지휘봉을 들고 있는 것으로 보아 권위가 있는 사람이라는 것을 알 수 있다. 그런데 성전이 아니라 자연 속에서 여유롭고 편안한 자세로 앉아 있다. 옷에는 붉은색의 석류들이 장식되어 풍요와 임신, 출산 등 다산을 상징한다. 하트 모양은 여성스러움을, 초록색 나무들과 흐르는 물, 황금색 벼는 풍요로움을 상징한다.

3번의 기질적 특성은 여성스럽고, 정이 많고 따뜻하며, 사랑스러운 존재다. 남들은 쉽게 알아차리지 못하지만, 이들은 성취 지향적이고 성공을 위해 실용주의적인 특징도 지녔다. 그렇지만 부드러운 이미지가 돋보여 사람들이 잘 따르고, 주변 사람과 잘 화합한다. 여황제가 자연 속에 앉아 있는 것처럼 3번은 자연을 좋아하고 풍류를 즐기는 낙천적인 면이 있다.

3번은 밖에서 일도 잘하지만, 내조도 잘한다. 여성의 경우 '현모양처'가 꿈이었다는 사람도 꽤 많았다. 아이들도 예뻐하고, 음식 하는 것도 좋아하고, 잘한다. 배우자로서 최선이다. 가족에 대한 애정이 많아 효녀, 효자가 많다. 특히, 어른과 관계가 좋고, 아이들도 예뻐한다. 부모에게 순종하고, 밖에서는 상사의 지시에 잘 따르고, 알아서 척척 보조를 맞춰 주어 함께 일하고 싶은 사람으로 뽑힌다.

3번이 관계를 맺는 방식은 일단 주변 사람들을 잘 챙겨 준다. 밥도 잘 사 주고, 직장에 먹을 것을 싸 가지고 와서 함께 나눠 먹는 스타일이다. 사람들을 좋아해 누구나 만나면 친절하고, 사교적이다. 수다 떠는 것도 좋아하고, 노는 것도 좋아한다. 하지만, 목표 지향적이어서 일할 때는 똑 부러지게 한다.

아주 오래전에 남편이 3번인 부부 교사를 만나 상담한 적이 있다. 그런데 글쎄 아내가 아니라, 3번 남편이 육아 휴직을 내고 아이를 키우는 것이다. 그것도 얼마나 체계적이고 꼼꼼하게 육아를 하는지 정말 놀라웠다. 그뿐 아니라 육아 과정을 블로그에 꼼꼼하게 수록해 파워 블로거가 되었다. 육아를 담당하는 분들에게 적지 않은 영향력을 주고 있었던 것이다. 3번이 여성성이 있다는 것을 보여 주는 좋은 사례이다.

3번의 욕구는 성취하고 싶은 욕구, 인정받고 싶은 욕구, 즐거움을 추구하고 싶은 욕구, 현명한 엄마와 아내가 되고 싶은 욕구가 있다. 이들은 모성 본능이 강해 엄마로서 역할을 성공적으로 해내길 바란다. 그래서 처음엔 아이를 키우는 데 헌신적인 경우가 많다. 아이가 어느 정도 크면, 집에만 있는 것을 싫어하고 자기 발전을 위해 아낌없이 투자

한다. 뭐든 하면 열심히 하는 사람들이라 이루고자 하는 목표를 성취한다. 적합한 직업으로는 교사, 유치원 교사, 사회 복지사, 요양 보호사, 서비스직 종사자, 사무직, 공무원 등이 있다.

이 사람의 성격은 어떨 것 같나요?

# 가족이 중요한 지도자

4번은 '황제' 카드다. 황제가 목표를 이룬 듯 왕좌에 앉아 있다. 그런데 왠지 표정은 기쁘지 않다. 왕좌 또한 딱딱해서 편안해 보이지 않는다. 옆으로 흘기고 있는 눈은 무언가를 감시하고 있는 듯하다. 붉은색 배경은 정열과 열정을 상징하기도 하지만, 불안을 나타내기도 한다. 갑옷을 입고 있는 것을 보니, 언제 터질지 모르는 전쟁에 대비하기 위해 긴장하고 있는 모습이다. 왕좌 뒤 가는 물줄기로 보아, 황제는 감정을 잘 표현하지 않을 것 같다.

4번의 기질적 특성은 부성 본능이 강하며, 권위, 힘, 리더십, 야망 등을 가졌다. 밖에서는 일 잘한다는 소리를 듣고, 관리자급으로 승진하는 경우가 많다. 하지만 이들은 무엇보다 가족이 최우선이다. 배우자와 자녀에게 인정받는 것이 가장 큰 기쁨이다. 그래서 황제로서 권위도 잃지 않으면서, 가족을 지키기 위해 늘 긴장하며 산다. 만약 이들이 힘들어하는 모습이 보인다면, 아마도 가족 문제일 확률이 높다.

4번은 남에게 지는 것을 끔찍이 싫어한다. 얼마 전 TV 연말 시상식에서 여성 배우 2명의 기 싸움이 대단했던 적이 있다. 그들은 서로 마지막 스포트라이트를 받으려고 안간힘을 썼다. 그때, 후배 여성이 선배를 제치고 마지막까지 마이크를 놓지 않아, 결국 보는 이들의 눈살을 찌푸리게 했다.

4번이 관계를 맺는 방식은 호불호가 강하다. 자신이 좋아하는 사람과는 찐 우정을 오랫동안 나누는 의리파다. 대체로 이해관계를 잘 따져 관계를 맺는 편이다. 술을 좋아하고 노는 것도 좋아해서 모임이 많기도 하다. 일이나 관계에서 솔직한 편이고, 자신의 의견과 소신을 분명하게 전할 줄 안다. 이들은 효자, 효녀가 많고, 가족을 전적으로 책임지며 헌신적이다. 다만, 가족들이 인정해 주고 알아서 떠받들어 줘야 만족하며 더 잘한다. 4번은 야외 활동도 가족끼리 함께하길 원한다. 배우자가 사회 활동에 신경 쓰며 가정에 소홀히 하는 것을 못 본다.

학원을 운영하는 부부가 있었다. 남편은 4번이고, 아내는 6번이었다. 남편은 경영을 잘하고, 아내는 학부모나 학생들에게 친절하고 서비스를 잘해 영업력이 좋았다. 겉으로 보기엔 부부가 한 사무실에서 잘 지내는 것처럼 보였다. 그런데 6번 아내는 숨쉬기 힘들다고 고백할 정도로 남편과 일하는 것을 답답해했다. 남편이 집과 학원 이외의 활동은 전혀 허용하지 않았기 때문이다. 남편에게 아내의 입장과 기질적 특성을 알아듣게 설명했었다. 그러자 남편은 곧바로 인정하고, 아내에게 자유를 허용했던 기억이 있다.

4번의 욕구는 힘, 성취, 부, 권력, 명예, 즐거움 등과 관련된 것이다.

어쩌면 세상적인 욕구가 가장 많은 번호이기도 하다. 대체로 이들은 욕구를 충족시키기 위해 누구보다 열심히 살기 때문에, 자신이 원하는 바를 많이 이루고 사는 편이다. 적합한 직업으로는 행정가, 고위 공무원, CEO, 경찰, 군인, 정치가, 노무사, 자영업 등이 있다.

이 사람의 성격은 어떨 것 같나요?

........................................................

........................................................

........................................................

........................................................

........................................................

# 영향을 끼치고 싶은 조언자

5번은 '교황 또는 신비 사제'라 불리는 카드다. 사제는 전통적으로 '영적 조언자'나 '교사'를 일컫는다. 그림을 살펴보면 화려하게 장식된 금관을 쓰고, 화려한 옷을 입은 인물이 앞의 두 사람에게 말씀을 가르치고 있다. 오른손은 진리를 가리키고, 왼손에는 성부, 성자, 성령을 상징하는 3단의 교황 십자가를 가지고 있다. 왕관은 3위 일체를, 융단 앞의 노란 열쇠는 천국 열쇠를 상징한다.

5번의 기질적 특성은 감성적이며 친절하고, 말을 재미있게 하고 재치가 있으며, 고민 상담을 잘해 준다. 사람과 사람을 연결해 주는 것을 좋아하고, 자신을 둘러싼 주변에 관심이 많다. 말을 잘하는 능력을 타고났으며, 자신이 알고 있는 사실을 주위에 알리고 가르치는 것을 좋아한다. 그래서 잔소리가 많을 수 있다. 한마디로 '교사상'이다.

자신만의 신념이 강한 편이며, 대체로 개방적이지만 어느 면에서는 보수적이고, 매뉴얼적이고, 고집스럽다. '일'과 '사람'에 대한 욕심이 많은 편이라 매사에 열정적으로 임하지만, 인정받기 위해 사람들 눈치를 많이 보며, 체면이 중요하다. 착한 아이 콤플렉스를 가지고 있기도 하다. 하지만, 가끔은 받는 것보다 주는 게 더 많다고 여겨 억울하기도 하다. 신 외에는 5번의 마음을 온전히 알아줄 수 있는 존재가 없다.

머리에 쓴 3단의 왕관이 높은 직급을 상징하는 것처럼, 5번은 남들보다 높은 위치에 있거나 사람들이 자기를 봐 주길 기대한다. 자신이 중심이 되지 못할 때 흥미를 잃을 수 있고, 감정 기복도 심할 수 있다. 공부에 대한 관심이 많고, 학력과 스펙이 좋은 사람을 동경한다. 특히, 학력이 만족스럽지 못할 때 열등감을 느끼며, 이를 극복하기 위해 새로운 것을 끊임없이 배우러 다닌다. 만일 자녀 교육에 집착하는 5번이라면, 혹시 자신의 열등감을 보상받기 위한 집착은 아닌지 성찰해 보길 바란다. 건강한 방법은 자식을 통해 보상받는 것이 아니라, 스스로 인정하기 위해 열심히 사는 것이다.

"왕관을 쓰려는 자, 그 무게를 견뎌라."라는 말처럼, 5번은 견디며 책임져야 할 무거운 짐이 있을 수 있다. 자신이 잘못 살아서도, 부모를 잘못 만나서도 아니다. 5번 그림을 자세히 보면, 금색 왕관 위에 십자가의 못 3개가 박혀 있는 것을 볼 수 있다. 삶의 고통에서 벗어나길 원한다면, 자신의 고통을 인간에게 의지하지 말고, 종교적인 힘에 의지해야 한다.

5번이 관계를 맺는 방식은 '감정'에 기초해 Feel을 중요하게 여기며, 주로 좋은 사람의 이미지를 선호한다. 초년에서 중년 초반까지는 온정적인 마음과 사교성을 바탕으로 폭넓게 사귀며 관계를 확장하는 경향이 있으나 중년 이후에는 소수를 깊게 사귀려는 쪽으로 바뀐다. 아마도 사람들로부터 상처를 받은 이후 자기만의 방식으로 정리하는 것 같다.

하지만, 5번이 태어난 이유가 있다면 사람을 이롭게 하고, 세우는 일이다. 그래서 '돈'보다는 '사람'을 얻는 것이 더 가치 있는 인생이라 여긴다. 이들은 불특정 다수를 위해 아가페적인 사랑과 이상적인 가치를 실현할 때 비로소 삶의 의미를 찾을 수 있다.

5번의 욕구는 인정받고 싶고, 가르치고 조언하고 싶고, 다른 사람이 자신의 영향으로 잘되길 바라며, 새로운 변화를 추구하고, 화려하고 멋스러움을 추구한다. 적합한 직업으로는 교사, 상담사, 종교인, 프리랜서, 예술인 등이 있다. 주로 공부해서 다른 사람을 말로 가르치거나 중재 역할을 하거나 타인에게 선한 영향력을 행사할 수 있는 직업이 적합하다.

이 사람의 성격은 어떨 것 같나요?

........................................................................................

........................................................................................

........................................................................................

........................................................................................

........................................................................................

........................................................................................

# 외로운 호감형

6

6번은 '연인' 카드다. 그림의 전체적인 이미지는 아담과 이브가 살았을 법한 에덴동산을 연상케 한다. 큰 태양이 남녀를 비춰 주며, 천사가 보호해 주는 사랑스러운 그림이다. 천사는 대천사 중 하나인 라파엘 천사이다. 라파엘은 히브리어로 '하나님께서 고쳐 주셨다'라는 뜻으로 '치유'를 의미한다. 붉은색 날개와 보라색은 열정, 감수성, 신비로움, 영적인 부분을 상징한다.

6번의 기질적 특성은 사랑스럽고, 매력적이며, 애교가 많다. 대체로 예체능에 소질이 있고, 긍정적이고 낙천적인 성향으로 사람들에게 인기가 많다. 한마디로 연예인 기질이다. 특별히 노력을 많이 하지 않아도 주변에 사람이 모인다. 요즘 말로 표현하면 '인싸'다.

그런데 정작 본인은 아무에게나 마음을 열지 않고 소수를 깊게 사귀는 편이다. 다소 의심이 많고, 의사 결정을 해야 할 때 변덕스러움이 있다. 특유의 낙천적인 성격은 다소 '한량'으로 비추어지기도 하며, 겁이 많고 미래에 대한 예기 불안이 높아 변화를 줘야 할 때 다소 우유부단해진다. 그래서 변화보다 비교적 안정적인 환경을 선호한다.

6번은 신이 특별히 사랑하고 축복하는 존재이다. 즉, 존재 자체만으로도 사랑받기에 충분하다. 하지만, 6번은 끊임없이 '사랑'을 갈구한다. 아무리 사랑해 주는 사람이 많아도 늘 외롭고 공허하고 허전하다. 솔직히 처음엔 이해가 안 되었다. '좋은 것을 많이 가졌음에도 왜 그런 생각을 하는 것일까?' 하는 생각이 들었다. 그러다 타로 그림을 연구하면서 6번의 외로움과 공허함이 어디서 오는 것인지 알게 되었다.

6번이 가진 외로움과 공허함은, 남자가 여자를 바라보고 있지만, 여자는 신을 바라보고 있는 그림과 관련성이 있다. 이들은 모든 사람에게 사랑받고 싶다는 욕구가 강하다. 그래서 남 눈치를 많이 보고, 타인의 시선을 의식하며 산다. 대체로 동성으로부터 질투의 대상이 되기도 한다. 만약 당신이 현재 외로움 속에서 고뇌하고 있다면, 그것은 당신 잘못이 아니다. 6번은 사실 누구를 만나도 외롭다는 생각이 들 수 있다. 그러니 술이나 사람에 의존하는 대신 신께 의존하며 치유를 받기를 권한다. 그렇게 될 때 비로소 안정을 되찾을 수 있을 것이다.

6번은 대체로 운이 좋은 편에 속한다. 하지만, 간절히 원하고 바라는 것을 얻기 위해서는 노력이 필요하다. 그림에서 태양이 반절만 보이는 것은 신의 은총은 있어도 나머지 반은 6번이 노력해서 채워야 한다는 의미와 관련성이 있다. 학생의 경우 머리도 좋고 순발력도 있어 충분히 성적이 잘 나올 수 있음에도, 낙천적이고 한량(노는 것을 좋아하고 한가롭게 사는 사람을 일컬음)인 기질로 조금 공부하고도 많이 했다고 생각해 발전이 없을 수 있다.

　6번이 관계를 맺는 방식은 가정 환경에 따라 조금 다르다. 긍정적이
고 밝은 6번은 부모에게 사랑을 많이 받은 경우이다. 반대로 부정적이
고 우울한 6번은 애정 결핍이 있을 가능성이 있다. 전자는 사교적이고
폭넓은 대인 관계를 맺지만, 후자의 경우 극소수와만 관계를 맺었다.

　사실, 애정 결핍이 있는 6번의 경우 우울증이나 만성 무기력감, 대인
기피증, 공황장애 등으로 상담을 받는 사례가 많았다.
　그러므로 6번의 자녀를 둔 부모에게는 어릴 때부터 스킨십을 많이
해 주고, 사랑해 주라고 권면한다. 또 6번은 성적인 부분에 민감하며,
사랑에 집착하기도 한다. 여성의 경우, 유독 나쁜 남자 스타일에 끌렸
다. 우유부단한 자신을 카리스마 있게 이끌어 주길 기대하는 것 같았
다. 남성의 경우는 주로 섹시한 스타일의 여성에게 호감을 느낀다.

　6번의 욕구는 사랑과 관심을 받고 싶은 애정의 욕구, 즐거움을 추구
하는 욕구, 안정에 대한 욕구, 경제적인 '부', 아름다움을 추구하는 '미'
에 대한 욕구 등이 있다. 특히, 물욕, 소유욕이 많아 스트레스를 받으
면 쇼핑을 자주 해야 한다. 적합한 직업으로는 경영인, 연예인, 예술
가, 금융인, 서비스 종사자, 마케팅 전문가, 간호사, 상담사, 교사 등이
있다.

이 사람의 성격은 어떨 것 같나요?

# 앞만 보고 돌진하는 사람

7번은 '전차' 카드다. 금빛 수장을 찬 기사가 검은색과 흰색의 스핑크스를 이끌고 전진하려고 한다. 전체적인 이미지는 남성의 진취적인 힘을 상징하며, 앞으로 나아간다는 뜻이 있다. 흑과 백의 스핑크스는 기사가 앞으로 나아가기 위해서는 힘의 균형과 분배가 중요함을 상징한다.

7번은 갑옷을 입고 전투태세를 갖춘 기사처럼 앞으로 나아갈 준비가 되어 있지만, 그 과정은 쉽지 않다. 살면서 자신의 앞을 가로막는 장애물을 여기저기서 만나게 된다.

특히, 가족이 무엇인가 하지 못하도록 만류한다면 자존감이 낮아져 멈추기 쉽다.

이때 힘 있게 전진해야 하는데, 자존감이 낮은 사람은 힘들다고 포기하고 그냥 멈춰 버리고 아무것도 안 할 수 있다. 7번이 나아가는 것을 포기하게 되는 경우는 의지가 약해서가 아니라, 생각이 깊어서이다. 여러 가지 상황을 너무 고려하다 보면 나아가지 못하고 멈추게 된다.

7번의 기질적 특성은 털털하고 검소하며, 인간적이며, 이상주의자다. 꾸미는 것을 선호하지 않지만, 한번 꾸밀 때는 눈이 높아 고급의 것을 선호한다. 작고 답답한 공간을 싫어하며, 남성의 경우 거실에서 소파와 물아일체가 되는 경향이 있다. 겉으로는 강하고 세 보이지만, 속은 여리고 순수하다. 특히, 어린아이를 예뻐하고, 노약자를 보면 마음이 끌려 제법 말동무가 되어 준다.

7번은 매우 논리적이고 분석적이며, 이성적인 특성이 있다. 객관적인 비평을 선호하며, 토론하는 것을 좋아한다. 이해와 문제 해결을 위해 질문하는 것이 당연하다고 믿는다. 진리를 추구하며, 한 가지에 꽂히면 집중적으로 파고드는 성향이다. 지식이든 사람이든 이해가 되어야 다음으로 넘어가며, 한번 이해가 된 것은 오랫동안 기억한다.

이들은 분명하고 일관성 있게 사고하는 것이 매우 가치 있는 능력이라 여긴다. 타인에게서 비논리적이거나 일관되지 못한 모순이 나타나면, 그를 쉽게 존중하지 못한다. 특히, 같은 말을 반복하는 것을 싫어하고, 감정으로 호소하는 사람을 힘들어한다. 이것은 타로 그림에서 전차를 탄 기사가 뒤나 옆을 보지 못하고, 앞만 보며 나아가야 하는 것과 연관성이 있다. 나아가는 것에 집중하기 때문에 다른 사람의 마음을 살피는 공감 능력이 부족할 수 있다. 운전할 때도 다른 사람이 깜빡이를 넣지 않고 끼어들면 화가 나 못 견딘다.

7번은 자신의 주장을 강하게 펼치다 보니 다소 거만하게 보이는 경향이 있다. 또 강자에게는 강하고, 약자에게는 약한 편이다. 상사가 일관성 없고 무능력하면 견디기 힘들고, 일방적으로 복종하며 시키는 일만 해야 하는 곳에서는 근무하기가 쉽지 않다. 더욱이 말투가 좋지 않고 거칠며, 목소리도 큰 편이라 의도하지 않게 '적'이 생길 수 있다. 무엇보다 자기 영역이 확실히 보장되며, 자유롭게 의사를 표현할 수 있는 조직을 선호한다. 우리나라보다 개방적인 외국이 더 잘 맞는 성향이다.

7번이 관계를 맺는 방식은 이성적이고 합리적이며 다소 카리스마가 있다. 이런 모습이 이성에게는 매력적으로 다가온다. 대체로 대화가 통하는 사람, 자기 생각을 있는 그대로 존중해 줄 수 있는 사람을 좋아한다. 결혼하면 가정을 지키려고 최선을 다하며, 배우자에게도 헌신한다. 다만, 가정 환경이 좋지 못한 곳에서 자란 7번의 경우 돈에만 집착하며 거칠고 공격적이기도 하다. 또 자기감정을 표현하는 것이 서툴러 자녀에게 상처를 주는 말을 하기도 한다. 보수적인 성향이 강하고, 자기만의 원리 원칙이 있어, 요즘 젊은 세대들이 보면 '꼰대'라 생각할 수 있다.

7번의 욕구는 진리를 추구하며, 알고자 하는 지적 탐구 욕구, 경제적인 안정에 대한 욕구, 지위를 가지고 통솔하고자 하는 권력에 대한 욕구, 자유에 대한 욕구, 봉사하고 싶은 욕구가 있다. 7번은 한 가지를 깊게 파고들어 '전문성'을 가져야 성공할 수 있다. 적합한 직업으로는 엔지니어, 건축가, 경찰, 군인, 기획가, 전략가, 정치인, 여행가, 교수, 학자, 성직자 등이다.

이 사람의 성격은 어떨 것 같나요?

# 인내의 달인

8번은 '힘' 카드다. 이 카드의 여인은 침착하고 차분하며 입을 벌리고 있는 사자를 부드럽고 편하게 다스리고 있다. 여인의 머리 위에는 무한한 가능성을 의미하는 뫼비우스의 띠가 있다. 여기서 '힘'은 강제로 억압해서 통제하고 제압하는 외부적 힘이 아니라, 인내를 통해 완성된 내적인 힘을 의미한다.

8번의 기질적 특성은 한마디로 '외유내강형'이다. 성실하고, 끈기 있고, 책임감 있으며, 효성이 지극하다. 또 카리스마가 있어 사람들을 잘 이끌고, 잘 다루며, 사람들이 잘 따른다. 말썽 피우고 거친 문제아도 8번 선생님 앞에서는 꼬리를 내린다. 성격은 급한 편이며, 평소 거의 화를 내지 않고 참으며 속으로 인내한다. 그러다 보니 속에 '화'가 쌓여서 가끔 욱하는 다혈질 특성을 보인다. 우리나라의 전형적인 '화병'의 소유자다.

8번은 예민하고 민감한 기질이다. 청소년 시기에 사춘기 없이 조용히 지나갈 수도 있지만, 쌓인 '화'는 언젠가는 나타난다. 그러니, 8번

아이가 조용하고, 말 잘 듣고, 속 썩이지 않는다고 너무 좋아하지 말고, 아이 속을 들여다보길 바란다. 무엇보다 '화'를 그때그때 풀어 주는 것이 중요하다.

외부 활동을 즐기고 음식을 좋아한다면, 여행이나 맛집 탐방을 자주 하는 것도 좋다. 노래방에 가서 큰 소리로 노래 부르며 노는 것도 좋고, 드럼 같은 타악기를 다루면서 스트레스를 해소해도 좋다. 그리고 집에서 식물이나 동물을 키우는 것도 잘 맞는다. 어른들의 경우 자연이 잘 맞으니 주말에는 산과 들로 자유롭게 다니며 힐링하는 시간을 꼭 가져라. 요즘 아이들은 아무도 없는 집에서 혼자 게임을 하며 노는 것을 좋아할 것 같다.

8번은 자극에 민감하고 예민하여 스트레스를 자주 받는 편이다. 학교에서 배가 아프고, 머리가 아프다며 조퇴를 하는 아이들이 많다. 그런데 막상 학교 밖으로 나가면 멀쩡하다. 이것 때문에 꾀병으로 오해를 받기도 하지만, 실제로 이들은 스트레스로 인해 증상이 나타난 것이다. 학생이라면 기숙사에는 보내지 않는 게 좋다. 아무것도 터치를 받지 않고 편히 쉴 수 있도록 배려가 필요하다.

8번은 의도치 않게 참아야 할 일을 많이 겪기도 한다. 그렇지만 대부분 "저만 힘든가요, 뭐." 이러면서 자신의 감정을 솔직히 표현하는 것을 힘들어하고, 감정을 억압한다. 언젠가 한 여성이 8번 남편이 갑자기 집을 나갔다며 다급히 상담을 요청한 적이 있다. 아내는 남편과 좋은 추억이 너무 많고, 행복한 결혼 생활을 하고 있다고 여겼다. 그러다 남편의 갑작스러운 행동에 충격을 받아 어찌할 바를 모르겠다며 울먹였다. 반면, 남편은 아내의 목소리조차 끔찍하다고 딱 잘라 말했다. 평상시 잔소리를 해도 자기감정을 억압하고, 괜찮은 척 행동했기에 남편이 이렇게 힘들었을지 아내는 전혀 눈치채지 못했다.

8번이 관계를 맺는 방식은 타인의 이야기를 잘 들어 준다. 또한 인간적이어서 신뢰감을 준다. 자신의 감정을 표현하기보다는, 남에게 잘 맞추는 편이라 대체로 사람들이 좋아한다. 밥도 잘 사 주고 많이 베푸는 편이다. 카페에서 수다 떠는 것보다는 밖에서 활동하는 것을 더 선호한다. 호감이 가는 이성은 말이 많고 감정을 호소하는 타입보다 입이 무겁고, 자기를 편하게 해 주고, 이성적이고 합리적인 스타일을 선호한다. 동정심이 많아 돌봐 주고 싶은 타입을 선택하기도 한다.

8번의 욕구는 '자유로움'이다. 누구에게도 구속받지 않고 자유롭고 싶다. 이들이 직장 생활을 하게 되면 꼭 칼퇴근(규정된 퇴근 시간을 정확히 지켜 퇴근하는 일을 속되게 이르는 말)을 해야 한다. 자신에게 찾아온 역경을 인내와 끈기로 이겨 낸 8번은, 내적인 힘이 강하고 무한한 가능성을 가지고, 돌보고 치유하려는 욕구가 있다. 적합한 직업으로 의사, 약사, 한의사, 수의사, 간호사, 교사, 상담사, 건축가, 경영인, 요식업 CEO, 사진 전문가, 농업인, 아로마 테라피스트 등이 있다.

이 사람의 성격은 어떨 것 같나요?

........................................................................................

........................................................................................

........................................................................................

........................................................................................

........................................................................................

# 생각이 많아 고독한 현자

9번은 '은둔자' 카드다. 어두운 밤에 등불을 들고 홀로 서 있다. 서 있는 곳은 아무나 도달하기 힘든 높은 경지이다. 마치 진리를 획득하여 최고의 자리에 오른 현자의 모습과도 같다. 오로지 지팡이 하나에 의존하여 침착하고 겸손하게 서 있다. 전체적인 분위기는 어두움, 슬픔, 쓸쓸함, 고독감 등을 자아낸다.

9번의 기질적 특성은 한 가지에 몰두하는 전문가적 특성이다. 생각이 많고 깊으며, 지적 탐구 욕구가 있어 한 가지에 몰두하면 깊게 빠져드는 경향이 있다. 생각하고 이해를 한 다음 실행하는 사람이라, 행동이 느리다. 자신이 이해받지 못했다고 느꼈을 때, 억울해하며, 죽을 때까지 기억한다. 특히, 선생님이나 부모가 충분히 설명하지 않고 강요하듯 어떤 행동을 지시하는 것은 이들에게는 큰 상처가 된다.

9번의 경제관념은 쓰는 것을 좋아하는 사람과 모으고 저축하며 재투자하는 데 관심 있는 사람으로 나뉜다. 토론이나 논쟁, 남에게 가르쳐 주는 것을 좋아하고 잘한다. 머리가 좋고, 관심 있는 분야에는 깊게 빠져들고 끈기가 있어 공부를 잘할 수 있다. 다만 SNS, 게임, 유튜브에 몰두하면 중독될 가능성이 크니 9번 기질을 가진 사람은 이 점을 유의해야 한다.

9번은 보기와 다르게 여린 감성을 가지고 있으며, 속정이 깊다. 그렇지만, 표현은 서툴다. 또한, 기질적으로 타고난 '고독함'이 있어 이유 없이 그냥 우울할 수 있다. 밖에서는 매우 밝고 활발한 모습을 보일 수 있으나 결코 그 모습이 전부는 아니다. 지극히 내향의 에너지를 가진 사람이 애쓰고 있는 것이다. 집에 들어가면 에너지가 고갈되어 반드시 충전이 필요하다. 그래서 집에서도 홀로 있을 수 있는 공간이 필요하다. 주로 혼자 사색을 하거나 독서, 음악 감상, 명상, 글쓰기, 마음이 맞는 사람과 대화하기 등을 통해 여유를 갖는 것이 좋다.

실제로 필자는 9번 상담 사례가 가장 많았다. 밝은 모습과 우울한 모습을 동시에 가지고 있어, 학생의 경우 우울감이 깊어지면 자살, 자해 충동이 있을 수 있으니 주의가 필요하다. 실제 모 중학교에서 자살 관련 심리 검사를 진행하고, 자살이 우려되는 학생들을 대상으로 예방 교육을 한 적이 있었다. 공교롭게도 '9번'이 가장 많았다. 하지만, 이들은 상담 예후가 가장 좋은 그룹이기도 하다. 이성적이고 합리적인 사람이라 충분히 설명하고 이해시킨다면 현실적으로 슬기롭게 판단한다.

9번은 '전문성'을 갖추는 것이 꼭 필요하며, 자신의 분야에서 최고의 자리에 올라야 만족할 수 있다. 그림 속에서 보이는 것처럼 실로 그가 서 있는 곳은 아무나 도달하기 힘든 높은 경지이다. 그렇기에 잠시 잠깐의 외로움은 스스로 감수해야 하며, 오히려 그냥 당연한 것으로 받아들이는 편이

나을 수도 있다. 피할 수 없다면 즐기라는 교훈이 가장 잘 맞는 유형이다.

9번이 관계를 맺는 방식은 소수를 깊게 사귀기 좋아한다. 개인주의 성향이 강한 편이며, 대체로 새로운 사람과 관계를 맺는 것을 낯설어하고, 낯을 많이 가린다. 자신의 노력과 상관없이 비교적 주변과의 소통이 쉽지 않은 타입이다. 그래서 9번은 '사람'을 좋아하기보다는 '사물과 지식'을 가까이해야 한다. 이것이 핵심이다. 9번들이 사람을 좋아하고, 호감을 받기를 원하면 오히려 더 외로워진다. 그러므로 9번은 고독하게 내면의 지혜를 성찰하는 현자의 모습이 필요하다. 끊임없이 스스로 탐구하고 노력해야 하며, 그렇게 한다면 어떠한 목표라도 반드시 도달할 수 있는 잠재력을 지녔다.

9번의 외모는 매우 준수한 편이 많았다. 성격은 내성적이면서도 뭔가 끌리는 시크한 매력과 좋은 목소리를 가지고 있어, 이성에게 호감을 준다. 이들은 대체로 '끼(재능)'가 많고, 우수에 찬 눈빛에 무꺼풀, 눈꼬리가 살짝 올라간 타입의 공통점이 있었다. 사실, 눈빛은 교사들에게 살짝 오해를 불러일으키기도 해 의도치 않게 억울한 일을 경험했다는 사례가 많았다.

9번의 욕구는 지적 탐구 욕구와 경제적 안정의 욕구가 가장 크다. 적합한 직업으로는 연구원, 교수, 의사, 엔지니어, 메이크업 아티스트, 금융 분석가, 교사, 학자, 성직자, 디자이너, 임상 심리사, 철학자, 수학자, 역사학자, 공학자, 기획가, 연예인, 예술인 등이 있다. 실제로 유명한 모델, 개그맨, 배우, 운동선수가 많다. 특유의 끈기와 인내심이 이들을 높은 경지에 오르게 하는 것 같다.

이 카드의 첫 이미지는 어떤가요?

# 오지랖의 대명사

10번은 '운명의 수레바퀴' 카드다. 이 카드의 전체적 이미지는 밝고 신비롭고, 다채로우며, 뭐든 다 할 수 있을 것 같은 분위기다. 10번 카드의 전통적 의미는 변화, 삶의 순환을 가리킨다. 수레바퀴를 둘러싸고 있는 금색의 신화적인 창조물들은 각자 책을 들고 공부하고 있는 모습이다. 이것은 다양한 지식의 습득, 즉 노력을 통해 자신의 삶을 한층 발전시킬 수 있다는 '인과응보'를 의미한다.

10번의 기질적 특성은 '호기심'과 '변화'이다. 다양한 분야에 호기심이 많고 변화를 추구해서 한 가지 일을 오래 못 하는 습성이 있다. 뭐든 빨리 배우고, 빨리 익히며, 그것을 적극적으로 활용한다. 그리고 다시 다른 곳을 향한다. 여러 가지 일을 동시에 할 수 있는 멀티가 잘되는 사람이다. 그래서인지 투잡, 쓰리잡이 가능하다.

10번은 야행성이 많다. 낮보다는 밤을 좋아해서, 밤에 밖으로 나가는 청소년들이 많다. 한마디로 사람을 너무 좋아하고, 호기심이 많아 아무 이유 없이 친구 따라 강남 간다는 유형이다. 부모로서는 10번 자녀가 마음에 안 들 수 있다. 공부보다는 사람에게만 관심이 있어 줏대가 없어 보이고, 무계획적이고, 실속이 없어 보인다. 그래서 부모-자녀 간 트러블이 많다. 자녀가 딸인 경우는 더 그렇다.

10번은 예체능에도 재주가 많고, 아이디어가 많은 창의적인 사람이다. 가르치는 것도 좋아하고 사람들에게 도움을 줄 때 행복하다. 내 일도 내 일이지만, 남의 일도 내 일이다. 마음도 여리고 갈등이 일어나는 것을 싫어해서 대부분 참고 타인에게 맞춘다. 그러다 보니 환경의 영향을 많이 받는 타입이다. 어떤 부모, 교사, 친구를 만나느냐에 따라 인생이 180도 달라진다. 공부는 목표가 있어야 할 수 있다. 인간에게 이로운 존재가 되도록 목표 설정을 하게 된다면 어떻게든 이룰 것이다.

10번은 자유로운 영혼이며, 여행가 스타일이다. 그래서 우리나라보다 외국의 환경이 더 잘 맞는 편이다. 외국어를 한 가지 이상 배워 두면, 아주 유용하게 쓸 수 있다. 어휘력이나 언변술은 타고났으니 타인을 설득하는 일도 잘할 수 있다. 대체로 문·이과적 특성을 골고루 갖추고 있어 마음만 먹으면 뭐든 할 수 있다. 그런데 안타깝게도 10번은 우유부단함이 있어 마음먹기가 참 힘들다.

10번이 관계를 맺는 방식은 모든 사람에게 정감 있게 다가가고, 친절하다. 다른 사람을 도와주는 것이 흐뭇하고 만족스럽다. 그래서 관계의 폭이 매우 다양하다. 조금 과장되게 표현하면, 거지부터 대통령까지 다양한 계층을 상대할 수 있는 친화력이 있다. 하지만, 필요 이상의 과잉 친절로 에너지가 소진되기도 하고, 상처가 부메랑으로 돌아와 괴롭다. 그러다 보니 나이가 들수록 관계의 폭을 좁히는 경향이 있긴 하다.

10번의 욕구는 자유로움, 사랑, 인정, 봉사이다. 적합한 직업으로는 교사, 예술가, 크리에이터, 작가, 유튜버, 경영인, 의사, 변호사, 프로그래머, AI 전문가, 컨설턴트, 외교관, 로비스트, 여행가, 프리랜서 등이 있다. 다만, 10번은 기질적으로 꼭 한 가지 직업을 가질 필요는 없다. 동시에 여러 개의 직업을 갖거나 이직이 자유로우면 더 좋다. 뭐든 할 수 있다는 자신감을 가지되, 가만히 있으면 안 된다. 다양한 지식을 쌓고, 수레바퀴 모양처럼 변화를 통해 경험을 쌓는 것이 무엇보다 중요하다. 노력한 만큼 결과는 얻게 될 것이다.

이 사람의 성격은 어떨 것 같나요?

# 옳고 그름을 판단하는 자

11번은 '정의' 카드다. 제왕 같은 여성이 성전의 두 기둥 사이에 앉아 있다. 오른손에는 냉철한 심판을 상징하는 칼을, 왼손에는 조화와 균형을 상징하는 저울을 들고 있다. 그림 속 인물은 성서에서 지혜의 왕이자 성전 건축으로 잘 알려진 솔로몬을 연상케 한다.

솔로몬의 통치는 이스라엘의 큰 번영을 가져왔지만 결국 사치와 향락으로 그 끝은 처참했다. 이처럼 11번은 한쪽으로 치우쳐 '부'와 '사치'와 '즐거움'만을 추구해서는 안 되며, 매사에 공정하게 판단을 내려야 하는 과제가 있다. 그리고 보라색 휘장이 태양의 빛을 가리고 있는 것처럼, 밝은 빛을 가리고 있는 나만의 어두운 그림자나 두려움은 무엇이 있는지 성찰해 보길 바란다. 신과 인간의 경계선과 같은 휘장을 걷어 낼 수 있는 용기를 낸다면, 그 삶은 더 풍요롭고 행복해질 수 있을 것이다.

11번의 기질적 특성은 '중성'의 이미지다. 남자는 섬세하고 세심하며 다정다감하다. 반면, 여자는 좀 털털하고, 쿨하며, 와일드(Wild)하다.

이러한 이미지 때문인지 대체로 초등에서 중등까지는 또래와의 관계가 쉽지 않을 수 있다. 실제로 친구 문제로 상담실에 찾아온 11번이 꽤 많았다. 상담 과정 중에 발견된 사실은 이들은 동성보다는 이성을 더 편하게 여기는 경향이 있어, 주변의 오해나 질투를 받기도 한다.

11번은 대체로 똑똑하고, 말을 논리적이고 이성적으로 잘한다. 친한 사람의 경우 상대의 이야기를 다 듣고 난 후 팩트를 날리기도 한다. 지적할 것을 찾아내어 조언이나 충고를 잘 하지만, 관계에서는 이 부분이 약점이 될 수 있다. 학교에서는 잘 따지는 아이로 낙인찍힐 수도 있다. 예를 들면 "선생님은 에너지 절약하라고 하셨으면서 아까 보니 화장실 나오면서 불 안 끄시던데요?" "친구야 빨간불인데 왜 건너가?" "휴대폰 많이 하지 말라며 엄마도 오늘 많이 하던데?"라고 말하기도 한다. 이들은 결코 악의적인 마음으로 그러는 것이 아니다. 11번의 정의로운 기질이 주로 판단을 하게 만들다 보니 지적질을 하는 것으로 보이는 것 같다.

11번은 스트레스에 민감하고 예민한 편이다. 하지만, 대체로 임기응변에 능하고 위기 대처를 잘한다. 개념 파악이 빠르고 통찰력이 있어 머리 좋다는 이야기를 많이 듣는다. 학원에서는 가르치기 좋은 유형이지만 이들이 학원에 다니는 것을 끔찍이 싫어한다. 관심 분야가 아닌 것은 흥미를 느끼지 못해 유난히 집중하지 못한다.

11번이 관계를 맺는 방식은 재미있고 폭넓은 사교적 모임을 즐겨하기도 하지만 약간 철학자 같은 성향이 있어 대화가 통하는 진지한 만남을 원한다. 그래서 이들은 소수의 친구와 깊은 우정을 이어 가는 것이 바람직하다. 겉으로는 세 보이지만 여린 감성을 지녔다. 이들은 노는 것도 좋아하고, 노래 부르는 것을 매우 좋아한다. 아마 지금도 노래하고 있을 수도 있다. 남성은 대체로 정적인 활동을 좋아했고, 여성은 외부 활동과 스릴감 있는 활동을 즐거워했다.

11번의 욕구는 '경제적인 부', 즉 돈에 대한 욕구가 강한 편이다. 특히, 큰 집에 대한 로망이 있다. 그리고 권위, 사랑, 아름다움, 즐거움, 자유로움의 욕구가 있다. 대체로 물욕이 많은 편이라 쇼핑을 자주 하는 편이며, 꾸미는 것을 좋아한다. 적합한 직업으로는 변호사, 검사, 판사, 법무사, 교사, 공무원, 디자이너, 건축가, 패션업, 미용, 경영 컨설턴트, 웹툰 작가, 품질 관리사 등이 있다.

이 사람의 성격은 어떨 것 같나요?

나무늘보

12번은 '행맨(매달린 사람)'이다. 한 남자가 십자가 모양의 나무에 오른발이 묶인 채 매달려 있다. 손은 삼각형 모양으로 뒤로 묶여 있으며 밝은 빛이 머리를 감싸고 있다. 한쪽 다리는 꼬고 뒷짐을 지고 있는 모습도 고통을 느끼는 것 같지 않고 평온해 보인다. 왠지 벗어나려고 애쓰기보다는 자기 스스로 나무에 매달린 듯이 세상을 관찰하며 조용히 성찰하고 있는 모습이다.

12번의 기질적 특성은 '느림'과 '귀찮음'이다. 다른 사람들은 바르게 걸어도 바쁜데 거꾸로 매달린 이 사람은 얼마나 느리겠는가? 그런데 정작 본인은 평온하다. 대신 옆에 있는 사람이 답답할 뿐이다. 이들에게 '빨리빨리'를 외치면 멈춰 버릴 수 있다. 이들은 대체로 IQ가 좋다. 그러나 아쉽게도 성적과는 무관하다. 귀찮아서 공부를 게을리해서 그렇다. 언젠가 진로 상담을 하던 중 이런 질문을 받은 적이 있다. "선생님! 편히 놀고먹는 직업은 없을까요?"

12번은 먹는 것을 좋아하고, 말이 많고, 유머가 있다. 여행을 갈 때는 사람이 많은 관광지보다는 휴양지가 좋고, 맛집 탐방이 최고다. 또 여러 명의 친구와 여행하기보다는 단짝과 단둘이 가는 여행을 좋아한다. 겁이 많아 새로운 환경을 맞이해야 할 때 두려움이 있으며, 타인의 시선을 많이 의식한다.

12번이 관계를 맺는 방식은 돌보는 기질이 있어 아이들을 좋아하고 잘 돌본다. 그리고 어른들과의 관계가 좋다. 특히, 할머니, 할아버지와는 아주 애틋하다. 또래 관계에서는 단짝을 만들려는 경향이 있고, 다소 관계에 의존적인 편이다. 이러한 점이 사람에게 집착하게 만들고 뜻대로 되지 않았을 때 강박적 사고를 할 수 있다. 스트레스 해소를 위해 명상이나 원예 치료, 미술 치료, 요가 등이 좋다.

대학생들에게 12번 친구들의 피드백 내용을 받은 적이 있었다. 주요 내용은 '친절하다. 다정하다. 착하고 재미있다. 권위보다 친화력으로 후배를 이끈다. 유쾌하다. 유머 있다. 말을 잘한다. 낯을 많이 가린다. 언변이 좋다. 긍정적이다. 주위 사람에게 웃음을 주고 잘 보살펴 준다. 친화력이 좋고 배려심이 깊다. 아는 척 안 하면, 먼저 말을 안 한다. 잠이 많다. 인정이 많다. 어른들한테 예의 바르다.' 등이다.

12번의 욕구는 '안정'과 '휴식'이다. 이들은 조금 일하고 많이 쉬어야 한다. 똑같은 일을 반복하거나 예측이 가능한 일을 선호하는 사람과 창의적인 일을 선호하는 사람으로 나뉜다. 대체로 육체적 노동보다 조용히 앉아서 머리 쓰는 일이 잘 맞는다. 적합한 직업으로는 연구원, 교사, 간호사, 카피라이터, 개그맨, 상담사, 어린이집 교사 등이 있다.

말을 탄 기사의 성격은 어떨 것 같나요?

........................................................................................

........................................................................................

........................................................................................

........................................................................................

........................................................................................

........................................................................................

# 변화가 필요한 능력자

13번은 '죽음' 카드다. 하지만 너무 놀라지 마라. 이것은 '변화', '재탄생', '새로운 출발' 등을 상징한다. 검은색 바탕에 흰 장미가 그려진 깃발은 '부활'을 뜻한다. 즉, 죽음은 또 다른 삶의 탄생을 의미한다. 밑에는 왕이 쓰러져 있는데 어린아이는 꽃을 들고 있고, 소녀는 고개를 돌린 채 외면하고 있다. 교황처럼 보이는 자가 제발 멈춰 달라고 사정하는 듯하다. 뒤에는 강물이 있고 저 멀리 보이는 두 개의 기둥 사이에는 해가 떠오르고 있다.

13번의 기질적 특성은 자아가 강하고, 머리도 좋고, 특별한 재능이 있으며, 늘 새로운 변화를 꿈꾼다. 또 남에게 지기 싫어하고, 최고가 되고 싶어 한다. 무엇인가 흥미를 느끼면 스펀지가 물을 빨아들이듯 단숨에 흡수한다. 하지만, 흥미가 사라지면 다른 것을 찾아 또 떠난다. 13번의 자녀를 둔 학부모 이야기를 종합해 보면 그렇다.

한 예로, 자녀가 피아노에 흥미를 느껴 학원을 보내면 남들은 1년간 배울 것을 3개월 만에 끝낸다. 주변에서 재능 있다며 전공으로 하라고 부추기면 이상하게 흥미를 잃고 다른 것을 하겠다고 한다. 부모로서는 정말 미칠 노릇이다. 타로 그림 속 교황의 이미지가 꼭 부모 같다. 제발 한 가지만 선택해 달라고 부탁하는 모습과 흡사하다. 그러나 이들은 멈추지 못한다.

13번은 진정한 변화를 위해서 행동해야 한다. 그래서 멈추면 안 된다. 자신이 해 보고 싶은 것이 있으면 주저하지 말고 다 해 봐야 한다. 13번은 남성적인 이미지가 강하다. 자존심도 세고 돌봄을 받는 것보다 돌봐 주는 것을 더 좋아한다. 부모에 대해서도 효심이 좋다. 하지만, 형제자매 간은 자신의 권위를 인정해 주길 바라는 마음에 살짝 까칠하게 대할 수 있다.

13번은 새로운 것을 계속 만들어 낼 수 있으며, 그 능력은 무한하다. 하지만, 해가 떠오르는 저 먼 길까지 가기 위해서는 강성을 버려야 한다. 어렵고 힘든 여정을 거쳐야만 겸손해질 수 있으며 비로소 태양의 빛을 만날 수 있다. 만약 살면서 어려움을 겪었다면, 그 경험을 자원으로 활용하라. 이것이 13번이 지닌 '재탄생'의 의미이다.

13번이 관계를 맺는 방식은 사람들이 자신을 믿고 따라와 주길 기대한다. 대인 관계는 소수를 깊게 사귀는 편이다. 자기주장이 강해서 할 말은 해야 하고, 좋고 싫음이 분명하다. 자신이 싫어하는 사람 앞에서 티를 내기 때문에 '적'이 생길 수 있다. 그것이 솔직하다고 생각하지만, 관계에서는 마이너스다. 융통성을 발휘하고 누구나 가까이할 수 있는 개방성과 포용력을 갖추면 훌륭한 리더가 될 수 있다. 13번의 욕구는 대체로 자유로움, 권력, 인정, 성취, 즐거움, 예술성 발휘 등과 관련되어 있다. 적합한 직업으로는 종합 예술인, 발명가, 감독, 검사, 경찰, 군인, 로비스트, 디자이너 등이 있다.

이 사람의 성격은 어떨 것 같나요?

평화주의자

14번은 '절제' 카드다. 이 카드는 '조화'와 '균형'을 상징한다. 머리에 후광이 비치는 천사가 하얀 옷을 입고 호숫가에 서 있다. 하얀 옷은 평화, 안정, 중용을 상징한다. 또 가슴의 삼각형 모양과 두 발의 위치는 결합, 조화, 균형 등을 의미한다. 두 개의 컵을 가지고 물을 따르는 모습은 '감정의 교류'와 관련이 있다. 특히, 천사가 눈을 감고 중심을 잡는 모습이 인상적이다. 한쪽에는 수선화 모양의 꽃이 피어 있고, 다른 한쪽에는 태양처럼 빛나는 왕관을 향해 좁은 길이 펼쳐져 있다.

14번의 기질적 특성은 평온한 마음을 지녔고, 사람들 사이에서 갈등이 생겼을 때 중재를 잘한다. 지금까지 14번이 상담실을 찾는 경우는 극소수에 불과했다. 자체적으로 문제를 일으킬 만한 요소가 거의 없고 무난하다. 그런데 부모 사이가 안 좋거나 친구들끼리 다툼으로 사이가 멀어지게 되면 정서가 불안해진다. 자신이 뭔가 중재를 해야 할 것 같은 책임감을 느낀다. 한마디로 갈등을 싫어하는 평화주의자이다.

14번은 감수성이 풍부하고, 동정심이 많다. 그래서 자기 일도 아닌 남의 일로 시간을 허비하기도 한다. 왕관을 향해 펼쳐진 좁은 길을 보면, 14번이 목표를 향해 나아가는 삶이 그리 쉽지만은 않을 수 있다. 세상의 유혹과 현실 사이에서 절제와 조화를 통한 인내가 필요하다.

14번은 욕심이 없고 경쟁을 싫어한다. 차라리 양보하는 것이 낫다고 생각한다. 부모가 볼 때는 물에 물 탄 듯, 술에 술 탄 듯 우유부단한 사람으로 보인다. 어찌 보면 그림 속 천사가 목표 지점을 향해 가기에도 바쁜데, 물장난을 치며 놀고 있는 모습과도 흡사하다. 그래서 주변 사람들이 자꾸만 평화로운 마음에 돌을 던지기도 한다. 이들이 목표 지점까지 가기 위해서는 세상의 유혹을 이기고 강한 정신력과 의지를 지녀야 한다.

14번이 관계를 맺는 방식은 상대에게 마음과 정성을 다한다. 감수성이 풍부하고 표현을 잘하는 편이라 사람들과 쉽게 친해진다. 대체로 이들은 감정을 끊임없이 교류하며 상대방과 소통하기를 원한다. 다만, 이성적인 사람과 관계를 맺기 위해서는 절제와 인내가 필요하다. 때론 화가 날 때도 있겠지만 오래 담아 두지 못한다. 갈등을 싫어하기 때문에 먼저 다가가 사과한다. 이들은 어디에서나 잘 적응한다.

14번의 욕구는 평화로움과 안정에 대한 욕구, 예쁘게 꾸미고 싶은 미에 대한 욕구, 감정을 나누고 싶은 욕구 등이 있다. 이들은 변화가 많은 직업보다는 규칙적이고 안정적인 것을 선호한다. 사람과 사람 사이에서 중재를 잘하고, 협상의 기술이 있어 영업에도 능하다. 적합한 직업으로는 사무직보다는 사람을 직접 대면하며 중재하는 서비스직에 대체로 잘 맞는다.

이 그림 속에 있는 사람들의 이미지는

어떤가요?

.................................................................................

.................................................................................

.................................................................................

.................................................................................

.................................................................................

# 15 집착이 많은 사람

15번은 '악마' 카드로, 주로 '속박'이나 '집착'을 상징하는 카드다. 염소 모양의 뿔과 박쥐 날개, 상반신은 사람인데 하반신은 염소 털을 가진 악마가 한 손에는 횃불을 들고, 아래로는 벌거벗은 남녀를 쇠사슬로 묶어 지배하고 있는 형상이다. 성서에서 악마는 타락한 천사다. 15번은 원초적 본능으로부터 유혹이 많고, 세속적인 욕구에 지배당하기 쉽다. 15번이 속박으로부터 자유로워지기 위해서는 전능하신 신께 의지하며 종교 생활을 열심히 해야 한다. 다만, 사이비나 이단 종교에 빠지지 않도록 주의해야 한다.

주요 기질이 15번으로 나온 사람은 많지 않았다. 대체로 청소년은 기질 번호가 3~14번까지가 많았고, 15번에서 22번까지 번호는 성인에게서 많이 나왔다. 숨겨진 기질이 15번인 경우는 종종 있는데, 잘 드러나지 않아 사람들이 이들에 대해 잘 모른다. 숨겨진 기질은 자신만이 알 수 있는 속성이며, 스트레스를 받았을 때 더 잘 나타난다.

15번의 기질적 특성은 집착과 소유욕, 성취욕이 강하다는 것이다.

원하는 것은 어떻게든 얻어야 직성이 풀린다. 사랑에 집착하고, 승진에 집착하고, 과거 자신이 한 행동이나 말에 집착하고, 강의를 다 마친 강사는 청중의 반응에 집착한다. 물건이나 사람에게도 소유욕이 강하다. 사실, 집착은 나쁜 의미로 들리지만, 자신이 원하는 목표를 이루기 위해 몰입하고 집중한다는 긍정적인 의미로도 해석할 수 있다. 다만, 부정적인 경향이 짙은 15번의 경우, 자신은 물론 타인을 힘들게 할 수 있으니, 긍정적으로 승화시킬 수 있도록 끊임없이 노력해야 한다.

15번이 관계를 맺는 방식은 좋아하는 사람에게 지나치게 의존하는 경향이 있고, 질투심과 의심도 많다. 이것은 아마 외로움 때문일 것이다. 외로움을 달래기 위해 세상의 유혹과 타협을 하게 된다면, 악마의 손아귀에서 영원히 벗어날 수가 없다. 그런데 그림 속 두 남녀의 목에 묶인 쇠사슬을 보면 헐렁하다. 이것은 강한 의지를 갖고 유혹에 대항하면 무서운 속박으로부터 벗어나 자유로워질 수 있다는 것을 암시한다. 문제는 자신이 얼마나 그것을 원하느냐이다.

15번의 욕구는 사랑, 부, 인정, 소유, 성취, 명예, 권력 등과 관련이 있다. 많은 것을 원하며, 그것에 집착하며 살다 보니 삶의 만족도가 좋지 않다. 그렇다고 자극적이고 윤리적이지 못한 방식으로 그 욕구를 풀려고 해서도 안 된다. 정직한 방법으로 집중하고 몰입하면 좋은 결과가 있을 것이다. 적합한 직업으로는 자유로운 곳보다는 규율과 규칙이 엄격한 곳이면 더 좋다. 이들은 적당한 통제가 필요하기 때문이다. 필자가 만난 사례로는 고위 공무원과 CEO가 있었다.

이 그림에서 떨어지고 있는 두 사람의 성격은
어떨 것 같나요?

........................................................................

........................................................................

........................................................................

........................................................................

........................................................................

# 16  카리스마가 넘치는 사람

16번은 '탑' 카드다. 이 탑은 인간들이 신께 가까이 닿으려고 만든 욕망의 산물인 바벨탑과 흡사하다. 16번 카드는 신이 인간의 오만함에 분노하여 바벨탑을 무너뜨린 것과 같은 형상이다. 인간의 권위를 상징하는 금빛 왕관이 떨어져 나가고, 번개가 치며, 갑작스러운 변화에 사람들은 무서워 창문 밖으로 떨어지지만, 그곳은 알 수 없는 미지의 세계이다.

16번의 기질적 특성은 '불같은 성질'이다. 욱하는 화가 많고, 카리스마가 있고, 추진력이 있으며, 남자다운 강인함이 느껴진다. 성격은 좀 급한 편이다. 반면, 솔직하고 순수하며 여린 감수성을 지녔다. 어느 단체에서 의뢰를 받아 특강을 하던 곳에 체육 선생님이 한 분 계셨다. 16번이 궁금하다며 가까이 다가와 그림을 꼼꼼히 살피고, 어떤 성격인지 물었다. 솔직히, 그때만 해도 16번의 사례가 많지 않아 뭐라 말해야 할지 몰라 당황했었다.

16번이 교사를 하게 되었다면 분명, 가정 환경에서 영향을 받았을 것이라 추측하고 이렇게 말했다. "부모님께서 자녀 교육을 잘 하신 것 같아요." 그러자 금세 인정하며 "네, 어떻게 아셨어요?"라고 깜짝 놀라는 표정을 지었다. 그리고 더 물어볼 말도 없었는데 알아서 다음 말을 술술 하셨다. "사실 제가 학교 다닐 때 옆에 스쳐 지나가기만 해도 친구가 쓰러지듯 넘어지곤 했어요. 한마디로 '살기'가 있었지요. 그래서 조폭들이 저를 섭외하려고 학교에 찾아오기도 했어요. 유혹이 정말 많았답니다. 그런데 정말 부모님이 저를 아끼고 올바른 길로 인도해 주시려고 엄청 애쓰셔서 제가 이렇게 교직 생활을 다 하고 있네요."

16번이 아무리 불같은 화를 가지고 태어났다고 하더라도, 교육을 통해 좋은 환경을 만들어 준다면, 얼마든지 좋은 길로 인도할 수 있음을 보여 주는 사례다. 그렇게 되기 위해서는 부모의 희생과 헌신이 필요하다. 이분은 '화'를 '체육'이란 도구로 건강하게 발산한 경우이며, 부모의 인내와 지지가 없이는 불가능했을 것이다. 실제로 이분은 부모님을 가장 존경한다고 했다.

16번이 관계를 맺는 방식은 솔직함으로 다가간다. 자신의 감정이나 생각을 가감 없이 표현하는 편이다. 이런 부분 때문에 다소 거칠고 직선적으로 보일 수 있다. 하지만, 이들은 아랑곳하지 않고, 주변의 눈치를 보거나 남의 시선을 의식하지 않는다. 다만, 알 수 없는 불안함이 늘 존재할 수 있다.

16번이 주의해야 할 것은 '교만함'이다. 바벨탑의 멸망을 기억하며 공든 탑이 하루아침에 무너지지 않도록, 욕심부리지 말고 매사에 신중하길 바란다. 그리고 불같은 성질을 좀 죽이고, 주변 사람들을 이끌기 위해 겸손한 자세를 취하라. 그리고 정서적 안정을 위해 몰두할 수 있는 운동이나 음악과 같은 좋은 매개체가 필요하다.

16번의 욕구는 경제적인 부, 권력, 즐거움, 자유로움 등과 관련이 있다. 자신의 욕구를 해소하기 위해 다소 앞만 보고 진취적으로 전진할 수 있지만, 조금 느리게 가더라도 주변을 살피는 신중함이 필요하다. 적합한 직업으로는 운동선수, 체육 교사, 소방관, 공인 중개사 등 주로 육체적인 활동이 있는 직업이 좋다.

이 사람의 성격은 어떨 것 같나요?

# 감수성이 풍부한 사람

17번은 '별' 카드다. 벌거벗은 한 여인이 두 개의 물병을 들고 하나는 웅덩이에, 다른 하나는 땅에 물을 붓고 있다. 벌거벗은 여인은 구속받기 싫어하는 모습을 상징하며, 물은 감정을 의미한다. 이처럼 17번은 감정을 밖으로 표출하는 사람이라 할 수 있다. 나무 위에서는 작은 새가 여인을 쳐다보고 있다. 하늘에 떠 있는 별은 감수성이 풍부함을 의미한다. 이 카드의 전체적인 이미지는 밝고 화사하며 희망적인 느낌이다.

17번의 기질적 특성은 '감수성'이다. 밝은 에너지를 가지고 있으며, 순수하고 낙천적이며, 긍정적이고 대범하다. 기쁨, 슬픔을 자주 느끼며 눈물도 많다. 주변 사람들에게 공감도 잘한다. 처음 보는 사람에게도 거리낌 없이 다가가며, 금방 친해질 수 있는 친화력이 있다. 하지만, 속이 훤히 들여다보여 이용당할 수 있는 단점이 있다.

17번의 최대 약점은 경제관념이 없다는 것이다. 기분에 따라 움직여 돈을 물 쓰듯 쓰는 경향이 있다. 아무리 노력해도 이상하게 돈이 샌다.

사업을 하게 되더라도 돈 관리는 다른 사람에게 맡기는 것이 좋다. 또 이들은 번뜩이는 아이디어가 많아, 주로 창의적인 일을 할 때 그 진가가 발휘된다.

하나의 예를 들면, 20번의 언니와 17번의 동생이 커피숍을 하게 되었다. 이들은 얼마 안 되어 큰 성공을 이루었다. 17번의 특유의 사교성과 서비스 정신으로 손님이 붐비는 것은 당연한 일이었다. 그런데 언니가 돈 관리를 해 오다가 사업이 잘되니, 동생에게 맡기고 언니는 다른 일을 하게 되었다. 그런데 얼마 못 가서 망하고 말았다. 돈이 흔적도 없이 사라지고 만 것이다. 17번은 사람을 잘 믿고, 한번 마음에 들면 아낌없이 퍼 준다. 그러다 보면 남는 게 없다.

17번이 관계를 맺는 방식은 솔직함으로 다가간다. 그래서 사람들에게 인기가 많다. 술을 좋아하기도 해 다양한 사람과 잘 어울릴 수 있다. 비현실적인 사랑도 크게 문제가 되지 않는다고 생각해 주저함이 없다. 가족이나 가까운 지인들은 이들을 속없는 사람처럼 취급하기도 한다. 믿고 의지했던 사람들에게도 배신을 잘 당하는 편이라, 결과적으로 관계에서 스트레스가 많다. 언제인가 스트레스가 많았던 17번 내담자에게 집에서 물소리를 듣거나 어항이나 수족관을 설치해 보길 권한 적이 있다. 그리고 얼마 후 그 방법이 효과적이었다는 피드백을 들을 수 있었다. 이것은 17번 타로 그림에 물이 많은 것에서 힌트를 얻은 것이다.

17번의 욕구는 사랑, 인정, 자유로움, 즐거움과 관련이 있다. 자연스러움을 추구하며, 구속받는 것과 형식이나 틀에 얽매이는 것을 싫어한다. 또 스타처럼 관심과 주목받기를 원한다. 적합한 직업으로는 연예인, 디자이너, 예술가, 서비스업 등이 있다.

이 사람의 성격은 어떨 것 같나요?

# 고난을 이긴 자

18번은 '달' 카드다. 사람의 옆모습을 하고 있는 달이 눈을 감고 있다. 달빛 아래에는 개와 늑대가 달을 보며 짖고 있고, 물가에는 가재 한 마리가 물 위로 나오려고 하고 있다. 가재는 앞에 펼쳐진 좁은 길을 향해 나아가야 하는데, 목적지까지 다다르기 위해서는 앞에 있는 장애물을 먼저 제거해야 한다. 이런 상황에서 달은 눈을 감고 외면하고 있다.

18번의 기질적 특성은 '고난과 역경'이다. 인생에서 걱정, 근심, 어려움이 늘 끊이지 않는다. 그림 속 가재처럼 말이다. 내담자들의 이야기를 종합해 보면 대체로 초년에서 중년까지는 힘들게 살았는데, 중년 이후에는 모든 것이 나아졌다는 이야기를 많이 해 주셨다. 여기서 달과 태양이 겹쳐 있음을 주목할 필요가 있다. 시간이 흐르고 흘러 달이 태양을 만나듯, 18번의 고단한 삶이 밝아진다. 한마디로 '대기만성형'이다. 비록 속은 여리고 부드러울지라도, 고난을 겪으면서 이들은 가재 껍데기처럼 겉은 딱딱해질 수밖에 없다.

18번은 느린 편이며, 생각이 많다. 먼저 머릿속으로 이해가 되어야 다음이 진행된다. 앞을 향해 나아가려고 해도 이를 방해하는 장애물이 곳곳에서 나타날 수 있다. 하지만, 인내심이 좋아 잘 참아 내며 극복할 수 있다. 연예인 중 오랜 기간 무명으로 지내다가 40세가 넘어서 대박을 터뜨린 분이 그런 예이다.

18번을 남편으로 둔 아내가 남편이 집에만 오면 잠만 자고 자녀에게도 무관심하다며 하소연을 하셨다. 남편을 따로 만나 속 이야기를 들어 보니 사연은 이러했다. 그는 누나가 대표로 있는 회사에서 20년을 묵묵히 일했다. 가족 기업에서 일하다 보니, 싫어도 싫은 티를 낼 수가 없었다. 점점 힘들고 지쳐서 그만두고 싶었지만 끝내 말을 못 했다. 가장으로서의 무거운 짐도 그만둘 수 없는 이유다. 이분은 저녁에 잠들기 전에 다음과 같이 기도한다고 했다. "제발 이대로 잠들어 아침에 눈을 뜨지 않게 해 주세요." 이 사례는 개와 늑대, 가재가 달을 향해 짖고 있지만, 자기 삶의 고단함으로 눈을 감고 외면하고 있는 달의 모습과 관련성이 있어 보인다.

18번이 관계를 맺는 방식은 의심이 많아 자기를 잘 오픈하지 않는 편이다. 타인이 볼 때는 뭔가 투명하지 않은 사람으로 보일 수 있다. 말도 조용히 하며 차분하다. 입이 무거워 비밀은 잘 지킨다. 이들은 말이 많은 사람이나 정신없이 산만한 스타일을 싫어한다. 미래의 불확실함 때문에 혼란스러울 때가 있으며, 성격적으로 변덕스러움도 있다. 참고로 19번 태양을 만나면 밝은 에너지를 받아서, 일이 잘 풀렸다는 피드백이 많았으니, 주변에 19번이 있는지 찾아보고 적극적으로 만나라.

18번의 욕구는 인정, 지적 탐구, 자아실현, 경제적인 부, 안정 등과 관련이 있다. 평상시 독서를 하며 지적인 욕구를 충족시키고, 자신의 커리어 개발을 위해 시간과 돈을 투자하여 미래를 설계할 필요가 있다. 그렇게 준비를 하고 나면 '안정'과 '부'는 자연스럽게 따라오게 된다. 적합한 직업으로는 교사, 연구원, 산부인과 의사, 작가 등이 있다.

이 어린아이의 성격은 어떨 것 같나요?

....................................................................................................
....................................................................................................
....................................................................................................
....................................................................................................
....................................................................................................

# 태양의 빛을 가진 자

19번은 '태양' 카드다. 하늘 중앙에 모든 창조의 근원인 태양이 아주 크게 자리 잡고 있다. 이 카드는 자신과 타인에게 매우 희망적이다. 머리에는 붉은 깃털을 꽂은 화관을 쓴 어린아이가 왼손에는 자기보다 훨씬 큰 붉은 깃발을 들고 있고, 오른손은 무엇인가 품을 듯이 팔을 벌리고 백마를 타고 있다. 어린아이와 백마는 순수함을 상징하며, 붉은 깃털과 깃발은 정열, 추진력, 당당함, 책임감, 자유 등을 상징한다. 담장 너머 해바라기는 태양을 보지 않고 어린아이 쪽으로 향해 있다.

19번의 기질적 특성은 '전문성', '영향력', '가능성'이다. 이들은 대체로 전문직에 종사하는 경우가 많다. 태양과 같은 밝은 에너지를 소유하고 있어 주위에 선한 영향력을 끼칠 수 있는 사람이다. 추진력도 좋고, 자신이 맡은 일은 어떻게든 책임을 다한다. 대체로 효자, 효녀가 많다. 다만, 성질이 좀 급하고, 다혈질적인 면이 있으며, 융통성이 없고 살짝 고지식하기도 하다. 이들이 화를 내면 엄청 무섭다.

19번은 인덕이 많다. 그림에서 해바라기가 태양이 아니라 아이를 쳐다보고 있는 것은, 태양과 함께 아이를 지키고 보호하려는 것과 관련성이 있어 보인다. 또 아이가 자기보다 더 큰 깃발을 들고 있는 것을 보면, 19번은 자신이 생각하는 것보다 더 큰 일을 할 수 있는 가능성이 있음을 암시한다.

19번이 관계를 맺는 방식은 대체로 현실적이고 실용적인 만남을 선호한다. 무의미한 만남보다는 건설적인 대화가 오고 가기를 바란다. 이들과 대화를 하다 보면 앉은 자리에서 사업 계획서를 여러 개 쓰고 있는 것 같다. 자기 일과 관련이 없어도 정성껏 들어 주고, 자기 의견을 조리 있게 말한다. 이들은 리더십과 추진력이 있어 조직에서 관리자 역할을 하면 좋다.

19번은 가족에 대한 애정이 많아 사회 활동보다 일터와 집을 오고 가며 가정에만 충실한 사람도 많다. 하지만, 자녀와의 관계에서 유의할 점이 있다. '시기'와 '속도'의 문제다. 교육에 관심이 많은 19번이 자녀에게 너무 가까이 다가가면 자녀와 큰 갈등이 생긴다. 좀 거칠고 과장되게 표현하면 아이가 타 죽을 수 있다. 이것은 실제로 가족 상담을 하면서 얻은 데이터이다. 조금만 떨어져서 아이를 지켜봐 주고 기다려 줘라. 아이가 손을 내밀 때 잡아 주어도 늦지 않는다.

얼마 전 상담에서 12번(나무늘보)의 자녀가 19번 아빠 때문에 힘들다고 호소했다. 자기는 쉬면서 천천히 하고 싶은데, 아빠가 매번 공부를 다그쳐서 질렸단다. 나는 이 아이에게 아빠의 기질적 특성에 대해 설명해 주었다. 그랬더니 많은 부분이 공감되었는지 집에 가서 곧바로 아빠를 '태양'이라고 불렀고, 가까이 오면 자기가 타 죽는다며 우스갯소리를 했다고 한다. 그런데 그 말을 듣고 화를 낼 줄 알았던 아빠가 조용히 자녀에게 거리를 두었다고 한다. 자녀를 사랑하는 마음이 얼마나 큰지 알 수 있는 대목이다.

19번의 욕구는 인정에 대한 욕구, 성취하고 싶은 욕구, 지적 탐구 욕구, 안정의 욕구, 자유로움에 대한 욕구 등이 있다. 이들은 자신의 욕구를 충족시키기 위해 누가 뭐라고 하지 않아도 스스로 열심히 살기에 거의 목표를 이루는 타입이다. 사회생활도 누구보다 성실히 수행하니 인정받지 않을 수 없다. 다만, 이들의 빡빡한 삶을 예술적 취미 생활로 풀어 줄 필요가 있다. 적합한 직업으로는 교수, 교사, 의사, 변호사, 한의사, CEO, 컨설턴트, 고위 공무원, 기술 전문가 등이 있다.

날개 달린 천사의 성격은 어떨 것 같나요?

## 20 추앙받을 자

　20번은 '심판' 카드다. 심판은 '부활'과 '재탄생'을 의미하는 긍정적인 카드다. 대천사 가브리엘이 심판과 부활을 위해 나팔을 불고 있다. 사람들은 심판받을 준비가 되어 있다는 듯 관에서 나와 손을 벌리며 추앙하고 있다. 죽었던 사람들이 천사의 나팔 소리를 듣고 죽음에서 깨어났다는 것은 정신적으로 다시 태어나 새로운 삶을 시작하거나 회복할 수 있음을 의미한다.

　20번의 기질적 특성은 '통찰력', '직관력', '영성', '추진력'이다. 이들은 자신의 문제뿐만 아니라, 주변 사람들의 문제까지 관심이 많다. 관심만 있는 것이 아니라 진심으로 해결책을 제시하려고 한다. 대체로 상황을 빠르게 판단하고, 핵심적인 조언을 잘해 주는 편이라 추앙할 만한 사람이다. 다만, 말투가 좀 직선적이고 솔직한 편이라 간혹 오해를 불러일으킨다.

　20번은 '관심'과 '간섭'의 경계선을 잘 지키는 것이 중요하다. 둘 다 도움을 주려는 의도에서 시작하지만, 결과가 다르게 나타난다. 상대방이 내게 원했을 때 도움을 주는 것은 '관심', 상대가 원하지도 않았는데 앞서 나가 도움을 주려는 것은 '간섭'이다. 20번은 관심을 가지고 주변 사람을 도울 때, 그들로부터 추앙받을 수 있다. 하지만, 급한 성격과 오지랖으로 간섭하게 되면 사람 마음을 잃게 될 수 있다.

40대 중반의 한 여성이 상담실을 찾아왔다. 10년 넘게 인연을 맺어 온 아끼는 후배가 갑자기 연락을 끊은 것이다. 평소 자주 만나고, 즐겁게 시간을 보냈는데, 도무지 이해가 안 된다고 했다. 너무 속상하고 답답하고 화가 나 상담실에 노크한 것이다. 10회 정도 상담을 하면서 그녀는 자신이 후배에게 했던 말과 행동을 성찰하게 되었다. 그동안 자신이 후배를 위한다고 간섭하고 지시하고 충고했던 모습이 떠올라 눈시울을 적셨다.

20번이 관계를 맺는 방식은 세세한 감정을 나누기보다, 이성적이고 합리적인 관계를 선호한다. 쓸데없이 농담하는 것을 싫어하고, 우주나 세계에도 관심이 많아 의미 있는 주제를 가지고 질문하고 답하는 식의 토론은 언제든 환영이다. 대체로 목소리가 크고, 말 속도가 빠른 편이라 소통할 때 상대가 다소 부담스러워할 수 있다. 사실, 이들은 사람들과의 관계보다는 사물이나 지식을 습득하고 이해하는 편이 훨씬 쉽다.

20번의 욕구는 인정, 미, 성취, 판단, 통제, 명예, 존경받고 싶은 욕구가 있다. 이들은 대체로 관리자로서의 역량을 충분히 가지고 있다. 또 이들은 옷에 관심이 많아 멋스럽고 화려하게 연출을 잘한다. 적합한 직업으로는 사무 행정직, 교장, 교감, 산부인과 의사, 보건 교사, 간호사, 법률 관련직, 종교 관련직 등이 있다.

이 사람의 성격은 어떨 것 같나요?

.................................................................................

.................................................................................

.................................................................................

.................................................................................

.................................................................................

완벽주의자

21번은 '세계' 카드다. 이 카드는 '완성'과 '성취'를 의미한다. 아름다운 여인이 양손에 지팡이를 들고, 월계수 잎으로 장식된 타원형 안에서 춤을 추듯 서 있다. 네 모서리에는 사람, 독수리, 황소, 사자의 형상이 그려져 있다. 이것은 인생 여정 중에 만나는 다양한 경험과 기회를 의미한다.

21번의 기질적 특성은 꼼꼼하고 완벽주의적인 성질이다. 뭐든 시작했으면 끝을 봐야 한다. 모임에서도 처음과 끝을 장식할 수 있다. 이들은 조직의 틀 안에 있을 때 진정한 자유로움을 누릴 수 있다. 월계수 잎 모양의 타원형은 조직의 틀과 같은 것이다. 이들에게 이 카드를 읽게 했을 때, 연두색 타원형이 있어서 좋다는 응답이 대체로 많았다. 하지만, 다른 기질 번호의 사람들은 타원형이 있어서 답답하다고 했다.

21번은 모성 본능이 강한 '어머니상'이다. 가족에 대한 사랑이 남다르지만, 일과 가정의 양립도 가능하다. 남자든 여자든 대체로 밖에서 일도 잘하고 큰 집안 살림이나 요리도 척척 해낸다. 자녀 교육도 열정이 대단하다. 하지만, 자녀를 자신의 틀로 바라보고, 자기 뜻대로 이끌려고 할 때 큰 갈등이 유발되기도 한다. 이들은 비창의적이며, 규범적이고, 규칙적이며 모범적인 삶을 선호한다.

21번이 관계를 맺는 방식은 현실적이고 실용적인 만남을 선호한다. 사교적인 모임보다는 자신에게 유익이 될 수 있는 의미 있는 만남을 원한다. 하지만, 한번 친해지면 끝까지 의리를 지킨다. 산만한 사람들도 잘 챙겨 주는 편이라 21번과 친하게 지내면 실수를 만회할 수 있다. 다만, 이들은 너무 많은 일을 완벽하게 하려는 강박적인 속성이 있어 스스로 힘들게 한다.

21번이 부부로 만나면 많이 다툰다. 서로 자신의 틀과 기준이 옳다고 믿기에 상대를 인정하고 받아 주기가 힘들다. 그런데 자식 교육에는 아낌없이 투자하며, 헌신적이라는 공통점이 있다. 21번은 부모에게도 잘하는 효녀, 효자가 많다. 이들은 주로 음식을 먹거나 만들면서 스트레스를 해소하는 것 같다.

21번의 욕구는 사랑, 유희, 즐거움, 미, 성취, 완성, 안정, 자유로움에 대한 욕구가 있다. 21번 그림 속 여인은 사랑과 풍요의 여신인 아프로디테(비너스)를 상징한다. 그래서 이들은 남녀 간의 사랑과 아름다움에 대한 욕구가 있다. 만약 이들이 예술적이거나 자유로운 직업을 갖게 된다면 성적인 유혹을 견디기 힘들 수 있다. 규범적인 틀에서 건강한 방식으로 자신의 욕구를 충족시키는 것이 중요하다. 적합한 직업으로는 사무직, 관리직, 금융 보험 관련직, 비즈니스 관련직, 컨설턴트, 공무원 등이 있다.

이 사람의 성격은 어떨 것 같나요?

........................................................................

........................................................................

........................................................................

........................................................................

........................................................................

# 자유로운 방랑자

22번(0번)은 '바보' 카드다. 여기서 바보는 어리석은 사람을 뜻하는 것이 아니라, 시작이나 신선한 출발, 여행하려는 사람을 의미한다. 바보는 봇짐 하나를 짊어지고 당장이라도 여행을 떠날 것 같은 포즈를 취하고 있다. 뒤에는 파도가 올라오고 절벽 끝에 서 있지만, 미처 깨닫지 못한 모습이다. 옆에는 하얀 개가 위험을 경고하듯 짖고 있다.

바보의 시선이 먼 곳을 향하고 있는 것은 항상 새로운 시작을 기대하고 있음을 나타낸다. 하지만, 자신이 절벽 끝에 서 있음을 의식하지 못하고 있다. 절벽은 위험에 대한 경고의 의미다. 새로운 시작을 위해서는 철저한 계획이나 준비가 필요한데 이 바보는 순수함과 열정이 앞선다. 이들에게는 하얀 개처럼 자기 옆에서 위험을 알려 주는 조언자나 동반자가 필요하다.

22번의 기질적 특성은 자유롭고, 열정적이며, 명예와 권력 등 세속적인 것에 대한 욕심이 많다. 순수하고 긍정적인 에너지를 가지고 있으면서, 자기애가 강한 사람이다. 바보가 입은 화려한 옷에서 그가 주목받고 싶은 존재임을 알 수 있다. 이들은 가족애가 강해 효자, 효녀가 많다. 방랑자와 같이 자유롭게 여행하는 것을 좋아해 오랫동안 솔로로 있지만, 일단 결혼을 하게 되면 온전히 가족에게 집중하는 타입이다.

22번이 관계를 맺는 방식은 호불호가 강하다. 자신과 코드가 맞고, 함께하면 즐겁고 재미있는 사람을 선호한다. 특히, 여행을 언제든 함께 떠날 수 있는 사람이라면 최고다. 하지만, 관계에서 한번 미운털이 박히면 얄짤없다. 또 주변 사람들이 자기를 인정하고 따라와 주길 기대한다. 주로 한 조직을 책임질 만큼 리더십이 뛰어나고 추진력과 통솔력을 지녔으나 결정적인 순간에는 자신의 이익을 먼저 챙기는 실속파다.

특강 중에 만난 중년의 한 여성이 있었다. 그녀는 학교와 집만 오고 가는 여성이었다. 처음 만났을 때 얼굴에 다소 어둡고 우울한 표정이 짙었다. "선생님은 평소 여행을 잘 다니는 편인가요?"라고 묻자 "아니요."라고 답했다. 그러면서 왜 자기한테 그런 질문을 하는지 의아한 표정이었다. 그녀에게 나는 다시 물었다. "선생님은 현재 삶의 만족도를 10점 만점으로 한다면, 몇 점 정도 줄 수 있을까요?" 그러자 그녀는 대답했다. "2점이요." 나는 그녀에게 할 수만 있다면, 최대한 빨리 여행을 떠나라고 조언했다.

22번의 욕구는 성취, 인정, 명예, 권력, 즐거움, 자유로움, 여행 등의 욕구가 있다. 다재다능하며 능력 있는 22번은, 자신의 욕구가 무엇인지 잘 알아차릴 수 있는 영리함을 지녔다. 하지만, 가족에게 발목이 잡히면 모든 것을 내려놓게 된다. 처음부터 보잘것없는 작은 봇짐 하나로 시작한 바보처럼, 너무 고민만 하지 말고 가볍게 떠나라. 그리고 즐겨라. 당신은 소중하니까. 적합한 직업으로는 자율성과 주도권이 주어진 일이면 좋다.

## • 생각해 보기! •

♣ 앞에서 자신의 기질 번호 카드를 보며, 본인이 작성한 성격에 대한 내용을 다시 읽어 보세요.
혹시, 주변 사람에게 자주 들었던 말과 유사한가요?
아니면, 당신 스스로 생각하는 성격과 비슷한가요?

♣ 앞에서 살펴본 22가지 기질 번호 중 자신과 가장 잘 맞는 번호는 무엇인가요? 그 이유와 함께 적어 보세요.

♣ 22가지 기질 번호 중, 가장 마음에 드는 번호는 무엇인가요? 그 이유와 함께 적어 보세요.

# 3부

## 타로로 보는
## 관계 이야기

　사람들에게 살면서 가장 힘든 것이 뭐냐고 묻는다면 대부분 '인간관계'라 할 것이다. 나와 다른 사람과 상호 작용하며 살아간다는 것은 기쁨과 동시에 고통이다. 특히, 다른 사람을 변화시키려고 할 때 그 고통은 더 커진다. 인간이 얼마나 변하기 어려운 존재인지 "간밤에 산이 움직였다면 믿되, 사람이 변하였다면 믿지 마라."라는 아랍 속담도 있다.

　특히 상대에게 기대하면 할수록 우리는 더 힘들어진다. 주로 부부 관계, 부모-자녀 관계, 이성 관계와 같이 중요한 타인과의 관계에서 더욱 그렇다. 기대가 클수록 실망이 커지고, 결국 포기하게 될 때 평안해진다. 타인을 있는 그대로 인정하고 수용하는 것이 왜 이리 어려운지, 포기라는 아픔을 겪고 나서야 그것을 배우는 경우가 많다.

　나와 타인을 이해하고 수용하기 위해 3부에서는 타로로 보는 관계 이야기를 하려고 한다. 먼저, 인간의 기본 성향을 크게 2가지 '이성형'과 '감정형'으로 나누어 보았다. 이성형은 '사실(Fact)'이 중요하며, 그 사실을 객관적으로 이해하고, 논리적으로 생각하는 것에 익숙하다. 칭찬을 들을 때도 근거가 있는 칭찬을 좋아한다. 그리고 자신의 감정을 표현하는 것이 좀 서툴다.

반면, 감정형은 사실보다는 '기분(Emotion)'이 중요하다. 어떤 상황이나 사실을 주관적인 가치에 따라 해석하는 경향이 있다. 칭찬을 받으면 일단 기분이 좋다. 그래서 이들에게는 Lip Service도 통한다. 이들은 대체로 자신의 감정 표현을 잘하며, 다른 사람의 감정이나 기분도 잘 알아차린다. 무엇보다 감정 교류를 통해 소통하려고 하며, 다른 사람이 자신의 감정을 존중해 주길 기대한다.

여기서 주의할 것은, 이성형이라고 해서 감수성이 전혀 없는 것이 아니며, 감정형이라고 해서 생각 없이 산다는 이야기도 아니다. 어떤 사건이나 일이 생겼을 때 주로 어떻게 대처하고 문제를 해결하는지 판단 기준으로 생각하면 좋을 것 같다. 또 '이성형'이냐 '감정형'이냐 하는 것은 타고날 때부터 생성된 '기질'과 관련된 것이니, 환경에서 변화가 있었다면 현재 조금 다르게 보일 수도 있다. 상담과 강의를 통해 축적된 자료를 바탕으로 일반적인 공통된 패턴을 정리하면 아래와 같다.

♣ **타로 기질로 알아보는 이성형, 감정형!**

**이성형:** 2, 4, 7, 8, 9, 11, 13, 18, 19, 20, 21, 22
**감정형:** 3, 5, 6, 10, 12, 14, 15, 16, 17

부모 - 자녀

관계

# 사례로 보는 부모 – 자녀 관계

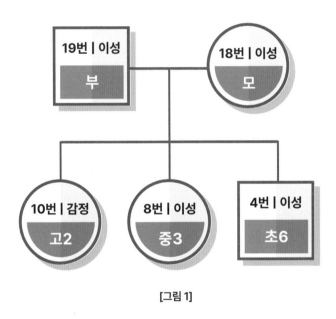

[그림 1]

[그림 1]의 사례는 가족 구성원 중 첫째 딸인 10번만 감정형이고 모두 이성형이다. 10번은 오지랖의 대명사라는 특징을 가진 호기심 천국이며, 친구를 좋아하고, 밤에 돌아다니는 것을 좋아하는 야행성 기질이다. 10번의 이런 특징을 이성형의 부모는 도저히 이해할 수가 없었다. 특히 19번 태양인 아버지는 전문직에 종사하셨고, 가정적이며 자

녀 교육에 관심이 많았다. 그러나 화가 나면 무서웠고, 다혈질 성향을
보였다. 큰딸에 대해 기대가 컸던 만큼 공부를 많이 시켰고 통제가 심
했다.

결국, 아버지의 심한 통제와 폭력을 견디다 못해 10번 딸은 가출하
고 말았다. 그 아이와 급하게 전화 연락이 되어 "가출하면 지낼 곳은
있니?"라고 물었다. 그러자 "선생님, 저는 오라는 곳이 많아서, 한 6개
월 정도는 버틸 수 있어요."라고 답했다. 역시 10번이구나 싶었다. 10
번은 사교성이 좋아 누구와도 빨리 친해질 수 있다. 심성도 곱고, 어른
들에게 예의 바르게 행동해 여기저기서 환영이다.

8번 둘째 딸은 인내의 달인이다. 아빠와 언니가 크게 다투고 집안이
시끄러워도 크게 개입하지 않는다. 자극에 예민하고 민감한 편이지만
표현하지 않고, 그저 옆에서 묵묵히 그 자리를 지키고 있다. 부모에게
순종적인 편이라 특별히 부모를 걱정시킬 만한 행동을 하지 않는다.
입이 무거워 언니나 동생의 비밀도 잘 지켜 준다. 8번은 대체로 사람들
에게 호기심이 없고, 많은 사람과 상호 작용하는 것이 스트레스라 그
냥 조용히 자기 할 일을 하며 지낸다.

4번 막내아들은 황제다. 욕심이 많고, 자기주장이 강하고 고집이 있
는 편이다. 가족애가 누구보다 강한 사람이라 가정의 불화는 엄청난
스트레스였을 것이다. 하지만, 이 가정에서는 제일 어렸고, 아버지가
무서워 쉽사리 누나 편을 들어 주지 못했을 것이다. 4번은 관계를 맺는
방식이 호불호가 있어 아무나 사귀지 않고, 친구 문제로 부모를 힘들

게 하지는 않는다. 대체로 가정에서나 사회에서 자기 할 일을 하며 인정받으면서 잘 산다.

같은 부모 밑에서 자란 자녀라 하더라도, 성향이 다 다르다. 결국, 부모-자녀 간 원활한 소통을 위해서는 자녀 기질에 맞게 접근을 다르게 해야 한다. 감정형의 자녀는 그 기분과 마음에 관심을 가지고, 스킨십도 자주 해 주며 어루만져 줘야 한다. 사실을 확인하겠다고 질문을 하게 되면, 감정형은 자신을 미워한다고 생각한다.

이성형의 자녀에게는 감정보다는 '생각'에 초점을 맞추는 것이 좋다. 대화를 많이 나누고 때때로 토론을 해도 좋다. 이들에게 질문하는 것은 관심의 표현이다. 결론적으로 소통할 때는 같은 방향으로, 즉 감정형은 감정적으로 이성형은 이성적으로 대해 주는 것이 중요하다. 위 사례는 이성형인 아빠, 엄마가 감정형의 자녀를 만나 이성적으로 대해 생긴 에피소드다.

시간이 많이 흘러, 10번 자녀는 결국 가정으로 돌아왔다. 그렇게 되기까지는 부모의 피나는 노력이 있었다. 먼저, 10번 자녀에게 아버지의 진심 어린 사과가 있었다. 그리고 부모가 자녀를 있는 그대로 이해하려고 애썼고, 거의 모든 것을 수용하고 인정해 주었다. 무한한 사랑으로 인내하며, 자녀의 행복을 위해 정성을 다하자, 10번 자녀의 분노는 사라졌다. 그뿐 아니라, 자신이 가진 역량을 최대치로 끌어올려 놀라운 성장을 이루었다.

# 내 자녀의 학습 및 진로 교육 팁

감정형은 선생님의 실력보다 외모가 좋고, 성격 좋은 분을 선호한다. 일단 선생님과 감정을 교류하며 학습하고 싶어 한다. 친구들과의 관계 때문에 학원을 다니는 경향도 있다. 하지만, 선생님이 자기보다 다른 친구들을 더 예뻐한다고 여기면 질투심에 학습에 집중하기 힘들어진다. 이들은 온라인 강좌보다는 대면 수업이 좋다. 학습의 효과성을 위해서는 학원보다는 소그룹 과외나 1:1 과외를 추천한다.

이성형은 분석적이고 논리적인 성향이라 공부에 재능이 있다. 선생님이 자신보다 훨씬 더 실력 있고, 잘 가르친다고 인정이 될 때 선생님을 신뢰한다. 이들은 학원도 좋고, 온라인 강의도 잘 맞는다. 재미있게 하는 강의보다 논리적이고, 체계적이고, 실력 있는 강사의 강의를 더 선호한다.

진로 교육은 자기 이해, 직업세계 이해, 합리적인 의사결정능력 함양 등이 중요한 과제다. 감정형은 다양한 진로 체험, 직장인들과의 인터뷰, 영상 매체, 드라마, 영화 등을 활용하여 간접적으로 경험할 수 있도록 하는 것이 효과적이다. 다만, 분석적인 사고 능력이 부족할 수 있으니, 합리적으로 의사 결정을 할 수 있도록 구조화하는 작업이 필요하다. 이성형은 사람보다는 사물이나 사실적인 자료를 다루는 일이 적합하다. 그리고 독서나 다양한 자료를 탐색하고 분석, 종합하여 진로 설계를 할 필요가 있다.

PART 2

부부 관계

# 연애할 때와 달라도 너무 달라

2번 여성은 미모와 지성을 겸비한 신비 여사제다. 이들은 남성의 호기심을 한 몸에 받을 만큼 충분히 매력적이다. 주로 감정형들이 한눈에 반해 온 정성을 다해 구애를 펼친다. 하나에서 열까지 모든 것을 다 맞춰 주고, 물질도 아끼지 않는다. 결혼에 그다지 관심이 없었던 2번은, 이런 남자는 또 없을 것 같아 프러포즈를 받아들인다.

그런데 막상 결혼하고 나니 남자가 180도 달라졌다. 오히려 남편은 자기감정을 더 돌봐 달라는 식이다. 연애할 때와 달라도 너무 다른 남편을 어떻게 받아들여야 할지 난감하다. 이럴 때 중심을 잡고 현명하게 잘 대처하는 지혜가 필요하다. 사실, 남편이 달라졌다기보다, 연애할 때 보이지 않았던 부분이 보였을 수도 있다.

6번 여성은 주로 상남자와 같이 강하고, 나쁜 남자 스타일에 끌린다. 평소 우유부단하고 겁이 많아 누군가 이끌어 주길 기대하는 이들은 카리스마 있는 남성에게 끌릴 수밖에 없다. 그런데 막상 이런 유형과 결혼하게 되면, 부부 생활은 좀 불만족스럽다. 6번은 끊임없이 사랑받고 관심을 가져 주길 원하는 특징이 있는 만큼, 상대가 계속 표현해 주길 기대한다.

잘생긴 외모보다는 아저씨같이 편하고, 자기를 공주처럼 대해 줄 듬직한 상대를 만나면 좋다. 또 먹고 노는 취향이 비슷한 남자를 만나도 괜찮다.

5번 여성은 교육자를 상징하는 교황이다. 다른 사람의 감정을 살필 줄 알고, 공감을 잘하며, 상대에게 도움이 되고자 최선을 다한다. 이들은 자기만 바라봐 주고 사랑해 줄 사람과 존경할 만한 상대에게 끌린다. 결혼하게 되면, 배우자가 변함없이 잘해 주지만, 기대치가 높다 보니 만족스럽지 않아 잔소리가 많아진다. 특히, 이성형의 배우자를 만나면 대화가 어렵게 느껴지고, 공감이 잘 안되며, 좋아하는 코드가 달라서 외롭다고 느낀다.

7번 남성은 대체로 귀엽고 순수한 여성에게 끌린다. 자신이 좀 딱딱하고, 감정 표현이 서툰 타입이어서, 밝고 쾌활하고 미소가 아름다운 여성에게 호감이 간다. 이들은 대체로 집밥 먹는 것이 매우 중요하다. 특히, 아침밥은 꼭 먹어야 한다. 그러니 배우자는 이쁘게 웃는 것도 좋지만, 음식을 하는 것을 좋아하고 잘하는 여성이면 더 좋다. 그리고 대화가 통할 수 있는 같은 이성형의 여성을 만나면 결혼 생활이 편하다. 예를 들면, 9번 같은 여성이다.

3번 남성은 모성 본능이 있는 여황제다. 이들은 왠지 강하고 카리스마 있는 여성에게 호감이 간다. 돌봐 주는 기질이 있다 보니 배우자나 자녀에게 헌신적이다. 그뿐 아니라 장인, 장모에게도 살갑게 잘한다. 이성형의 배우자는 이런 3번을 볼 때, 자기가 좋아서 하는 일이라고 여기며 크게 신경 쓰지 않는다. 하지만, 가끔은 자신도 대접받고 싶은데, 당연하게 여기는 이성형의 아내에게 서운할 수 있다.

# 부부 관계 개선을 위한 팁

　부부 관계에서 가장 중요한 팁은 상대를 바꾸려 하지 않고, 있는 그대로 보는 것이다. 대부분 갈등은 거기에서부터 출발한다. 상대의 '꼴'을 봐줄 수 있어야 하는데, 해를 거듭할수록 꼴 보기가 싫다. 자신의 관점으로 상대를 바라보며 상대가 자기에게 맞춰 주길 기대한다. 오히려 상대를 바꾸려고 하면 할수록 부부 관계는 더 어긋나고, 갈등이 심해진다.

　강의 중 많이 받는 질문 중 하나가 "저는 어떤 사람이랑 결혼하면 좋을까요?" 또는 "배우자와 제가 잘 맞나요?"이다. 나는 궁합을 보거나 점을 치는 사람이 아니다. 그래서 이런 질문을 받을 때면 참으로 난감하다. 부부 관계는 누가 누구를 만났는지도 중요하지만, 내가 얼마나 상대의 꼴을 봐줄 수 있는지, 즉 내 마음의 그릇이 얼마나 큰지가 더 중요하다. 부부는 어느 한 사람의 틀에 맞추어 같아지는 것이 아니라, 서로의 부족한 부분을 채움으로써 하나가 되는 관계이기 때문이다.

　한 예로 감정형과 이성형이 만나면 처음에는 호기심에 이끌려 매력을 느낀다. 그런데 결혼을 하고 나면 서로 다른 부분 때문에 사사건건 갈등이 유발된다. 감정형의 아내는 영화나 드라마를 좋아하고, 이성형의 남편은 뉴스나 자연과 동물을 소재로 하는 프로그램을 즐긴다. 이때, 남편이 드라마는 말도 안 되는 상황이 많다며, 그럴 시간이 있으면 차라리 독서를 하라고 비난한다면 서로의 골은 더 깊어질 것이다. 서로 다른 부분을 채울 수 있는 좋은 기회를 놓치고 마는 것이다.

그렇다고 부부가 똑같이 감정형이거나 똑같이 이성형이라고 해서 다 잘 맞는 것은 아니다. 감정형의 부부는 감정 표현을 하는 것이 익숙하다 보니, 서로에게 감정으로 호소한다. 한 사람이 말하면, 다른 사람은 들어 줘야 하는데 서로 자기감정만 봐 달라고 하니 소통이 잘 안될 수 있다. 반면, 이성형의 부부는 서로 객관적이고 합리적인 사실에 초점을 맞추어 대화하는 것을 좋아한다. 사색하는 것도 비슷한 특징을 가지고 있어, 비교적 대화가 잘 통한다. 하지만, 한번 아닌 것은 끝까지 아니며, 서로에 대해 공감할 부분이 적다.

결론적으로, 좋은 부부 관계를 유지하기 위해서는 상대방을 있는 그대로 존중하고, 때때로 상대가 원하는 것을 함께해 줄 수 있는 마음의 여유 공간이 필요하다. 나의 도움으로 상대의 부족한 부분이 채워진다면 얼마나 뿌듯하고 의미 있는 일인가? 내가 먼저 생각과 태도를 바꾼다면, 세상이 달라 보일 것이다. 배우자를 포기하지 말고, 내 마음의 그릇을 키워 보자. 그리고 부부 관계는 상대가 좋아하는 것을 해 주는 것도 좋지만, 상대가 싫어하는 행동을 하지 않는 것이 더 중요하다.

"인간은 결코 변화하기를 설득할 수 없으니

그것은 변화의 문고라는 안에서만 열 수 있기 때문이다.

타인은 어떤 경우라도 논쟁이나 감정에의 호소로 그 문을 열 수는 없다."


– 마릴린 퍼거슨 –

## PART 3

교사 − 학생

관계

## 제자와 소통하고 싶다면 ✦

가슴 아픈 일이지만 스승과 제자의 관계가 애틋한 시절은 이제 지난 것 같다. 학생들의 인권이 보장되면서, 교권이 침해당한 지 오래다. 요즘 학생들은 직접 교사를 교육청에 고발하기도 하고, 교사가 혼을 내면 그 앞에서 욕을 하며 덤비는 사례도 번번이 일어난다.

몇 년 전만 해도 교사들이 스마트폰을 모두 걷어, 학습에 방해되는 요소를 차단할 수 있었다. 요즘은 그럴 수 없다. 학생들의 인권과 관련되어서도 그렇지만, 교사들이 너무 지쳐서 그럴 만한 여력도 없다. 이미 사교육을 받고 와서, 학교에서는 잠만 자는 학생의 수가 증가하고 있다. 친구 만나러 학교에 오나 싶은 생각이 들 정도로 교사의 존재 가치는 사라지고 있다. 이런 가운데 교사들의 의욕은 저하되고, 그저 형식적으로 자신의 할 일만 하고 쉬자는 생각이 앞서게 된다.

물론 예나 지금이나 정말 열심히 교육 현장에서 헌신하고 계신 교사 분들도 많다. 아이들을 끝까지 포기하지 않으려고 애쓰시는 선생님들께, 제자와 소통할 수 있는 팁을 제공하고자 한다. 이들이 마지막까지 조금 덜 지치고, 아이들이 가진 달란트를 찾아내어, 그들의 미래에 좋은 안내자, 지도자로서 역할을 해 줄 수 있길 기대하며 응원하는 마음에서다.

학생들과 소통하기 위해서는 앞서 언급했던 것처럼 '감정형은 감정적으로', '이성형은 이성적으로' 접근해야 한다. 예를 들어 7번, 9번, 11번과 같은 기질은 지적 탐구 욕구가 높고, 이성적이고 논리적으로 사고하는 유형이다. 이들과 소통하기 위해서는 형식적인 칭찬이나 격려보다, 사실에 대한 명확한 설명이 더 중요하다. 칭찬할 때도 두리뭉실하게 하지 말고, 구체적으로 어떤 부분에서 칭찬하는 것인지 알아듣게 설명해 주어야 한다. 이들에게 영혼 없는 립 서비스는 오히려 불쾌감을 주기도 한다.

만약, 감정형의 교사가 이성형의 제자에게 칭찬은 고래도 춤추게 한다고 하니 우선 칭찬부터 많이 했다고 하자. 그때 이성형의 아이는 "선생님, 무슨 근거로 그렇게 말씀하시는 거예요?"라고 오히려 반문할 수 있다. 이들은 따지려는 것이 아니라, 궁금해서 묻는 것이다. 하지만, 감정형의 교사는 그들의 직선적인 말투며 눈빛에 상처를 받게 된다. 반면, 감정형의 학생들은 선생님이 칭찬해 주면, 자기를 예뻐한다고 여겨 그게 사실이든 아니든 그냥 좋다. 그러므로 학생의 기질 유형에 맞게 칭찬하는 방식도 달라야 한다.

일반적으로 소통을 잘하기 위해서는 '경청'이 중요하다. 경청은 하던 일을 멈추고, 따뜻한 눈빛으로 상대방의 눈을 바라보며, 고개를 끄덕이는 등 적극적으로 들어야 한다. 어느 교사가 컴퓨터 업무를 하고 있을 때 학생이 찾아왔다. 바쁜 나머지 학생 얼굴을 보지도 않고, 모니터만 보면서 응대를 했다. 학생은 선생님이 너무 바쁘신 것 같다며 다음에 찾아오겠다고 나간 뒤, 곧바로 옥상에서 뛰어내린 가슴 아픈 사연이 있었다.

# 마음을 얻는 교사가 되기 위한 팁

11번의 학생은 공평함을 추구한다. 이들은 옳고 그름을 분별하려는 특징이 있어, 교사의 행동 하나하나를 살피며 판단한다. 교사가 학생을 공평하지 못하게 대하고, 차별하는 모습을 보이면 그때부터는 교사로서 인정하지 않는다. 그 이후로 사사건건 트집을 잡고 따질 수 있다. 하지만, 속내는 관심을 받고 싶다는 표현이다. 그러니 너무 속상해하지 말고, 관심과 애정을 갖고 대화를 나눠 보았으면 한다.

7번은 전차를 끌고 앞만 보고 전진하는 기사처럼 '거침없이 하이킥'이란 말이 생각나는 유형이다. 이들은 평소 궁금한 것이 많아 질문을 자주 한다. 수업을 하는 도중에 "선생님, 인간은 왜 사는 거예요?"라는 철학적인 질문도 서슴없이 한다. 대체로 수업과 상관없는 질문을 받게 되면 교사는 난감하다. 하지만 수업을 방해하고, 교사에게 딴지를 거는 학생이라 여겨 부정적인 시선으로 보아서는 안 된다. 대화하고 토론하는 것을 즐거워하는 학생으로 여기고, 적극적으로 응대해 준다면 자신을 이해해 준 선생님께 평생 의리를 지킨다.

9번은 억울한 일을 겪으면 아주 오랫동안 기억한다. 어느 초등학생이 집에서 손톱을 깎다가 갑자기 흥분하며 씩씩거렸다. 엄마가 놀라서 그 이유를 물으니, 오늘 급식실에서 작년 담임 선생님을 만났는데 자꾸 생각나서 그렇다고 답했다. 무슨 일이 있었는지 자세히 들어 보니, 작년에 그 반 남학생들이 문 앞에서 장난을 치다 여학생이 다친 적이 있었다고 한다. 그때 선생님께서는 "남자아이들 다 나와!"라고 하셨고, 문 앞에서 똑같은 형태로 경고성 위협을 주셨다. 그때 실수로 손톱을 다친 것이다. 다른 아이들은 웃고 떠들며 그 시간을 대수롭지 않게 여겼지만, 9번 아이는 너무 억울해 속으로 분을 품었다.

나는 어머님께 이렇게 말씀드렸다. "선생님을 꼭 찾아가 자초지종을 말씀드리고, 아이에게 사과할 수 있도록 부탁해 보세요. 이 아이는 이해가 되어야 다음으로 넘어갈 수 있어요. 자신이 하지도 않은 일로 벌을 받았던 것이 이해되지 않아 억울한 것 같습니다."라고 조언했다. 어머님은 곧바로 선생님을 찾아가 그대로 말씀드렸다. 선생님은 그 이야기를 듣고 깜짝 놀라셨다. 그런 의도로 한 행동이 아니어서 아이가 상처받은 줄 전혀 몰랐다며 죄송해하셨다. 그리고 곧바로 아이를 불러 진심으로 사과하셨다.

선생님은 어떤 이유로 그런 벌을 주게 되었는지 차분히 설명하였고, 아이가 받았을 상처에 대해 고려하지 못한 점을 사과하셨다. 그다음부터는 아무렇지도 않게 손톱을 깎기도 하고, 그 선생님을 만나도 웃으며 인사할 수 있게 되었다고 한다. 다행히, 이 아이는 엄마가 현명하게 대처를 잘해 주었지만, 지금까지 말 못 하고, 속으로 화내고 있는 학생이 있을 수 있다. 갑자기 말수가 적어졌거나 표정이 어둡고 좋지 않다면 요즘 무슨 생각을 하며 지내는지 진지하게 대화를 나눠 보길 권한다.

지금까지 책을 읽어 주신 독자 여러분께
진심으로 감사드립니다.

"인간이 저지르는 치명적인 실수의 하나는
시작하기에 앞서서 모든 여건이
완전무결하기를 기다리는 일이다.
가슴으로 시작하되 본능적 사고를 신뢰하며
그것에 의존하도록 하라."

– 휴 프라더 –

- 타로와 심리학, 아서 로젠가르텐 저, 학지사, 2010
- 타로를 알면 사람이 보인다, 박경남 저, 북아띠, 2019
- 타로와 분석심리학, 양경숙 저, 지식과감성, 2016
- 타로의 지혜, 조앤나 워터스 저, 슈리크리슈나다스아쉬람, 2014
- 한양대학교 융합산업대학원 동양문화학과 카페, https://cafe.daum.net/HY-OrientalCulture
- 내 삶의 의미는 무엇인가, 이시형, 박상미 저, 특별한 서재, 2020
- TCI 기밀 및 성격검사 통합 매뉴얼, 민병배, 오현숙, 이주영 저, 마음사랑
- 상담이론과 실제, 양명숙, 김동일 외 저, 학지사, 2013
- 청소년 정서행동문제 그림검사 개발 및 타당화 연구, 임나영, 고려대학교대학원 박사 학위 논문, 2014
- MBTI® Form Q 매뉴얼, Naomi L. Quenk 외 저, 어세스타, 2013